我心是金佛

KB212852

국립중앙도서관 출판예정도서목록(CIP)

我心是金佛 : 禅理小故事 / c著 ; 翻译: 仁娆. -- ［安養］ :
Hanmaum出版社, 2014
    p. ;   cm

원표제: 내 마음은 금부처
한국어 원작을 중국어로 번역
ISBN 978-89-91857-38-4 03220 : ₩15000

불교 설화[佛敎說話]

224.4-KDC5
294.34-DDC21   CIP2014026766

我心是金佛
禅理小故事

My Heart Is A Golden Buddha: Hanmaum出版社（2006）
Wie Fließendes Wasser: Goldmann Arkana-Random House (Germany, 2008)
我心是金佛: 橡树林文化出版社（2009，台湾）
2009年10月 韩国语版初版第一次印刷发行
2014年10月 中文（简体）初版出版发行

原　　著: 大行大师
翻　　译: 仁娆
编　　辑: HANMAUM国际文化院
编辑出版: HANMAUM出版社
图　　画: 林承炫
封面设计: 朴洙缘

网　　址: www.hanmaum.org
电子邮箱: onemind@hanmaum.org

Copyright©2014（财）HANMAUM禅院
Hanmaum Seonwon Foundation

ISBN 978-89-91857-38-4 (03220)

Printed in the Republic of Korea

禅理小故事

我心是金佛

大行大师 著

hanmaum

前言

愈加深邃的善缘之智慧

收编于本书中的小故事均是从大行大师在法会上所讲解的内容中精选出来的。乍看此书，蓦然间会让人联想起伊索寓言、佛教本生经里的一些小故事，而在领略其中趣味之余，自始至终都会让人产生一种可洞察内心世界的魔力。虽想否定又不得不接受的现实、暂时遗忘的人生道理、潜藏于内心并随时会暴露出来的我执与傲慢，对这些不是斥责，而是通过机智、痛快的一喝，在不知不觉间，我心已回归根本。

大行大师常言："肯笑才会有欢颜之事，所以请大家多笑。若生活过于艰辛，笑不出声，也可试着微笑。"

恶缘转换为善缘的道理，在本书中并未使用艰涩难懂的词语去描写也可使人用心去体会、践行，也就是在普通大众所能接受的范畴内讲授的教诲，我们也可将其作为生活智慧来加以研习。

就像执笔本书序文的哥伦比亚大学Columbia University名誉教授、中世纪日本文化研究所的所长Babara Ruch所述，该书可成为具有真正意义的"人生伴侣"。站在人生的十字路口，不知何去何从时，或想倾听一句纯粹的教诲时，本书会令你鼓足勇气迈向不是理论、而是实践的第一步。随着时间的流逝，我们的心会变得更加深邃，善缘的智慧也会变得愈加浓郁而芳香，并填满我们的心房。但愿此书能与众多读者结缘，并共享其中蕴藏着的智慧之精髓！

HANMAUM国际文化院全体合掌

佛纪2553年

西纪2009年10月

序文

金佛温暖的光辉

一本精致的袖珍本《我心是金佛》的初版辗转至纽约，送及我的案头。书的大小、模样竟似曾相识，仿佛一直伴我左右，刚好可放于两掌之中，翻阅起来非常舒服。此书乃身为比丘尼却是韩国著名禅师之一的大行大师所著。一见此书，便不由得让人想起在印刷术并未发达的中世纪欧洲修道院里编著的那本非常著名的天主教祈祷书，书中的文字与插图都是一一用手书写和描绘上去的。也许此书会像天主教祈祷书一样让人爱不释手，犹如人生伴侣般地相伴于我们左右，让人随手可读。就因此书虽模样小巧，却显得极为珍贵。

翻开此书，使我想起了在攻读硕士学位期间看过的，中世纪日本的一本故事集锦。书中收集了贫穷的农夫、国王与将军、强盗与修行者，还有相爱却不能相聚的情侣及老夫妇求天赐子等故事。好似其它生物也与我们人类并无分别，其中还介绍了以草木、动物们的渴求与欲望为主题的故事。在那本书里几乎融进了在我们身边所有可能发生的故事。有很多学者都误认为那本书只不过是一本儿童读物，其实她向我们诉说了人们心中所承受的痛苦，并教导我们如何开启心灵之窗而从中走出来。《我心是金佛》里的故事也尽是如此。

《御伽草子》（17世纪，日本，木版）是我曾经最喜爱的一本书，书名直译起来虽有些生涩，但与"伴你一生的故事"意思相近。《我心是金佛》也同那本书一样，就好似父母在为孩子指引人生之路，护士在精心呵护体弱的病人，老匠在为频频失误的徒弟打气，也似为因迷失方向而信念动摇的学生指引方向的人生导师般，为我们的人生航海起到导航的作用。书中寓言故事里的字里行间都为我们清晰地展现了我们今生今世以及生生世世所能体验到的信念所持有的奇迹与威力，人心中所蕴藏的令人惊叹不已的精神力量及这些是如何相互作用的。不论是谁，在人生旅途中彷徨无措时、需要安慰和向导时，此书都会默默地守在你的身旁并成为你的人生伴侣。

二十一世纪的今天，大行大师在运用传统方式来叙述这些故事的同时，将蕴含于其中的人生哲理，通过我们周围经常发生的、平凡而又极其现实的小故事，并用通俗的语言表达了从内心深处涌现出来的高深的智慧，并将此传达给了我们。每篇故事看似简短、精炼，可是不仅会将阻挡在我们内心周围的所有固有观念一一击碎，而且对作为地球上生存的人类必须面对的，而和时代与文化毫无关联的那些问题，此书也会在无形中帮助我们找出自己所需的答案。起初你也许会发现自己在为追寻人生哲理而坚持不懈地努力着，在领会大行大师所讲解的每一句话、仔细阅读每一篇小故事时，便会感觉到源于内心的本来品性的能量，与宇宙的江河汇成一体向前汩汩奔流。

大行大师所诉的内容就如同时雨甘露般地浸润着我们的心田。而在这充满时雨甘露的水中，大小鱼儿在满心欢唱、翩翩起舞。大师的佛心通过佛法光芒四射时，不论男女老少，所有读者都可以敞开心扉，尽情地享受到那份向自己散发过来的金佛般温暖的光辉。

这些故事将跨越韩国这个国度而响遍全球。因为这本书不仅适于家长为入睡前的孩子阅读，也可在新的一天的开始，在宁静的清晨就着一杯茶或咖啡来细细品味，也可作为老年人在闲暇的午后回味人生的读物。

一心不仅可以超越时代、文化、人种和时空，还可超越一切，并似金佛般地散发出其耀眼的光芒。

Babara Ruch
哥伦比亚大学中世纪日本文化研究所 所长

目录

前言 4

序文 6

1. 四房妻室 12

2. 禅师与狗肉 16

3. 贪婪的儿媳 20

4. 国王与铁匠 26

5. 磨砖成镜 30

6. 舐犊情深 34

7. 空空的福袋子 42

8. 将军之梦 46

9. 坠坑之狐 50

10. 投胎为牛的公公 54

11. 阿难尊者与锁孔 60

12. 蚯蚓汤 64

13. 荞麦疙瘩汤 68

14. 元晓大师的禅悟 72

15. 聪明的老板 76

16. 吊在悬崖边儿上的汉子 80

17. 蜈蚣的路姿 86

18. 弟子的觉悟 88

19. 三粒小米　**92**

20. 同梦不同境　**96**

21. 混球儿子　**100**

22. 禅师之旅　**104**

23. 花树救主　**110**

24. 多宝塔与释迦塔　**114**

25. 乡下书生与大院君　**120**

26. 只履西归　**124**

27. 塞翁失马　**128**

28. 婆婆的慈爱　**132**

29. 孝行可嘉的金大城　**138**

30. 滚烫的小豆粥　**144**

31. 科举考试　**150**

32. 驮着羊赶路的修行者　**154**

33. 真正的布施　**160**

大行大师简介　**164**

译者的话　**166**

插图作者的话　**168**

后记　**170**

一・四房妻室

从前，某个国家的一个大富翁，娶了四房夫人。富翁日子过得无忧无虑、逍遥自在，突然有一天染上了一种不知名的怪疾。虽四处寻访名医，也未能治愈。自觉死期将至的富翁，心里咯噔一下。想到黄泉路上孤零零的一个人，感到既委屈又害怕的富翁，在思虑良久后，决定将四位夫人叫到榻前。

因对原配未曾有过男女之情，于是先叫了二夫人。

"夫人，直至今日我对你向来体贴入微、呵护备至。不论是绫罗绸缎还是山珍海味，我都未曾亏待于你，日子过得更是称心如意不是？我现已时日不多，既害怕又孤寂。若我赴黄泉，可否与我同行？"富翁问道。

还未等夫君说完，二夫人便连连摇头，并称君之言乃无稽之谈，鬼门关岂有结伴同行之理，说完便绝情地窜出了房门。

对二夫人的态度深感失望的富翁，心想三夫人会有所不同，便满怀期待地叫了三夫人并向其询问。

"为娶爱妾，你可知我受了多少苦？所受的罪又岂能用三言两语说得清？为与爱妾结下百年之约，我肚子里不知是咽下了多少苦水，费了多少心思！真可谓是不辞辛劳困苦，看在这些情分上，可否随我而去？"

可三夫人却如此道来："爱慕我、追求我的是夫君，并非贱妾不是？而如今我为何要随君而去？不过，念在我们夫妻一场，我倒是可以送君至宅前。"

见走出房门的三夫人如此冷漠无情，富翁一时竟发不出火来，便怀着最后一线希望叫了小夫人，并充满深情地问道："你是我最心疼的爱妾。不论我去何地，吃到何等的美味佳肴，最先想到的就是爱妾。你若外出一时半刻，我便生怕出了什么事，心中更是焦虑不安。我想爱妾对此也是全然知晓。因此，若我归西，可否与我一同走一遭？"

于是，小夫人答道："妾对这些也自然晓得。为报答夫君，妾可送君到墓前。"

见自己深爱的四夫人竟是这般态度，富翁似乎已耗尽了最后一丝气力。最后不得不叫了大夫人。此时，他的声音已充满了悲伤与绝望，显得有气无力。

"夫人，真是对不住。先前便已知晓你我之间存有隔阂，而我对此却一直未曾理会，对夫人更谈不上体贴。但夫人毕竟是我的原配，黄泉路上可否与我结伴同行？如今，我真是倍感凄凉。"

大夫人毫不犹豫地欣然应允道："自然应结伴而行。不论夫君是好是坏，毕竟有贱妾与夫君携手共度的岁月，若我不同往，君又与谁共赴黄泉？"

🌰🌰🌰🌰🌰

在这则故事里，二夫人是指我们的身躯。我们若感体热，便知用扇子散热；若觉体寒，便晓应添衣保暖；若感饥饿，便知取食充饥；我们为照料自己的身体不知煞费了多少苦心。尽管如此，当我们离开人世之时，躯体却不会随我们一道而去。

三夫人是指财富或权力。人生在世，为了获取财富与权力，我们又是甘愿付出莫大的努力与艰辛不是？如此不惜以牺牲健康为代价而得来的，可死后却拿不走一分一文，功名利禄自然也是过眼云烟。

四夫人是指儿女及配偶等家人。纵然是舍不得吃穿，细心呵护抚养成人的儿女，不论他们对你如何敬爱，他们充其量也只会送你到墓前不是？

大夫人就是指我们自己的**业识**[1]。死后尽管卸下了皮囊，业识仍会跟随我们。业识是指按我们生活中所付诸的行动被录入进去的，不论做得好与坏，都会如同影子般地与我们共存。因耳不聪、目不明而表现出来的不明智的言与行，也都是因前生的业识及习性遮掩了我们的根本心之固。

但这些业识却是因自己在有意无意间录入自己的内心而显现出来的。因此，能够消除业识的也是自己。因此，存有埋怨他人或害人之念，这都是万万不可的。若生前怀有饿鬼牲畜之心，死后便会进入饿鬼牲畜之界；在世时常生天宫之念，死后则会往极乐世界。

---

[1] 业识：是指在过去生积下来的所有行为与想法被随时随地记录下来的。若遇时机就会一个个地展现出来，呈现出各种形态而成为所有事件的缘由。只有将已发生的所有问题交与自己的根本，方可使业识得以消融。

二 · 禅师与狗肉

古时候，有位德高望重的禅师，为了修行，仅带领几名首座来到一深山老林之中。此消息一传开，欲在禅师手下修行的僧人，开始从四面八方涌来，末了竟达数百名。

有一日，禅师在众僧聚于一堂之时，将一首座叫来，用极为洪亮的声音向其道来。

"近日诸位因潜心修行，气力衰竭。你去杀几条大狗来，好让众人分碗汤喝。"

随后，禅师便令几名首座到山下的村寨里弄狗去了。

众僧们听罢，则是一片骚动。

"究竟是怎么一回事？不可杀生的僧侣竟要杀狗、吃狗肉？与传闻居然如此相异！跟随连**五戒**[2]都不知遵循之人，又有什么可受教之说？"

对禅师意想不到的言行深感失望的僧侣们，开始接二连三地离去。

最后，在众僧离去后，只剩下原来那几名首座。看着在默默打坐的弟子们，禅师放声大笑道："皆似秋风落叶般地散去喽！那我们如今开始真正的修行！其实佛陀之居所与众生之居处并无分别。而只因现今这一瞬间，二者的心灵深度有着莫大的差距，我只不过是顾及此设了个小关门罢了。"

---

[2] **五戒**：在这里是指佛教徒应遵守的五个最重要的基本生活规范，一不杀生，二不偷盗，三不邪淫，四不妄语，五不饮酒。

"好与坏，高与低，喜与恶"，诸如此类的想法均是源于各自所持有的固有观念的分别心。在根本处，因一切原本为一，并无需此类分别。因而，请把一切交与自己的根本！若如此放下前行，固有观念自然会消失，分别心也会被消除。对"哪位禅师的名望高与否"之类的言语，不会有所顾忌；也不会为只可吃素、不能吃荤之念所绊；也不会声称因某人才得以修行与否。

若大家立下欲修行的大志，首先，请坚信我的根本，我的佛性本来清净而无穷，是储藏无限能源的宝库。其次，请将一切交与根本，不为其所动、坚持不懈地精进。参天大树，若掉一片树叶，不会露出一丝缝隙；若有一枝条折断，也不会有丝毫的晃动。虽有佛法衰退之说，但只要存有一"无生"，便可成为"有生"；即便仅存一"有生"，佛法也可存于世间。

三 · 贪婪的儿媳

很久很久以前，在一个偏远的山村里住着一位赡养孤寡老母的后生。虽因家境贫寒，没念过多少书，可他却拥有不论做何事都极具耐心且坚持到底的真诚及无论何时均善解人意、欲事事机智解决的智慧。而且后生孝心深厚，终日精心侍奉老母，尽管住得离村寨较远，可因其行孝的传闻早已传遍了整个村子，村里人对此也是有口皆碑。

尽管后生品德兼备，因家中十分清贫，邻村知其底细的姑娘们，没人愿意嫁给他。后来，于心不忍的邻居们，经多方打听，通过媒人的介绍，终于从遥远偏僻的山村里领来了一位姑娘，并为他们办了婚事。

可之前看上去文静、善良的媳妇，婚后没过几日就露出了本来面目，贪婪自私不说，对年迈的婆婆更是粗暴无礼。不仅如此，丈夫不在家时，竟连饭也不给婆婆做，本来就有些行动不便的婆婆日渐消瘦、终于卧床不起。

起初，后生对明知自己的处境还下嫁于己的媳妇心存感激，故而看到媳妇的恶劣行径，也佯装未见、不加怪罪。

"人性本善，若我对媳妇好，媳妇也会渐渐好起来的。"后生心想，于是对媳妇不但没有责怪，反而更加体贴。可媳妇的言行却越来越不像话。对此，实在无法坐视旁观的后生，琢磨几日后，终于想出了一妙计。

某日，后生到镇上赶集，比平素早回来了几日。因住得偏远，若去集市办事，至少得十天半拉月，而丈夫离家一周就回到家中，着实让媳妇吓了一跳。对媳妇为何早归的疑问，后生却未加理睬，不管三七二十一硬是将媳妇拉到灶前。然后，生怕别人听见似的，压低了声音对其说道："老婆，我见到有人偷偷地把胖乎乎、身子骨结实的老太太带到集市去卖，可从远方来的那些奇怪的大胡子客商，少说也用了上千两银子竟把她们给买走了。因此，咱也用上三载，把娘养得胖胖的、结结实实的，然后带到集市上去卖如何？那咱就可以轻松地赚到一千两银子不是？敢情你可能不是很愿意，但你想人生在世，咱啥时能弄到那么多的银两。对了，下面那个村子里的人还不晓得，你千万要守口如瓶。若消息传出去，大家都像咱们这样拿去卖，那肯定卖不上好价钱。"

平日里就很贪心的媳妇，因听说能赚到一千两银子，当晚几乎没合眼。整整一夜，她都在翻来覆去地琢磨着怎样才能把婆婆的身子骨养得结结实实、白白胖胖的。打那以后，媳妇便开始挖空心思，一心为养好婆婆的身子骨而尽心尽力。

因媳妇的精心照料，没过几个月婆婆的身体就恢复了元气。一日三餐自不必说，媳妇还寻遍了整个山野，采来了对身体有益的草药，尽管家境窘迫，可媳妇还是为婆婆备齐了四季的被褥与衣物，生怕婆婆伤风着凉。蒙在鼓里的婆婆被照顾周全的媳妇孝行所感动，背着孙子在村里到处夸赞儿媳有多孝顺。这样转眼间过了三载，媳妇的孝行远近闻名，还传到了地方官那里。而且，当地县令觉得媳妇的孝心实在难能可贵，下令在村口立下称颂媳妇孝行的孝妇碑。

而媳妇见事情竟发展到这般田地，心里感到十分恐慌。原来只是打着赚钱的算盘才精心侍奉婆婆，没料到事情竟变得一发不可收拾。见不知实情的婆婆竟对自己如此感激，还到处称赞自己，并且与婆婆相处的这三年，不知不觉中婆媳间的感情也日渐深厚，媳妇对自己欲卖掉婆婆赚钱的想法感到羞愧，对村里人的夸赞也开始感到不好意思，加上官府又为她立了孝妇碑，真不知如何是好。

媳妇不禁抚躬自问起来。这三年里，自己在每日悉心照料婆婆的同时，自私与贪心也不知不觉地随之消失，并懂得了什么是做人的道理。她觉得既然事已至此，还不如像孝妇碑上刻的那样做个好媳妇。结果，贪婪的儿媳变成了真正的孝妇，一家人过上了幸福美满的生活。

在人人皆拥有的根本心中，均蕴藏着无法比拟、无穷无尽的智慧。虽与生俱来，也并非不做任何努力，就可使其得以展现。直至内心能够生起这般智慧，这位后生该是多么真诚地、一再地向自己发问呢？因追寻的是有益于众人的，所以才会出现这般智慧。

可即便是超乎寻常的智慧，若没有以信念相守的耐心与坚持不懈的努力，也是不可能有任何收获的。如果大家在生活中欲成就什么，请抛下贪念与私欲，相信自己的根本，将一切交付于此。然后，请充满耐心地守候，并全身心地去践行。若有了这般努力，便可心想事成、如愿以偿。

四 · 国王与铁匠

这是在很久很久以前，一位国王为探访民情在微服私访中发生的故事。在一个隆冬，黎明时分，国王路过一户人家，在其墙脚下欲转身之际，听见一男子在屋中怨天尤人。

"天儿可真冷啊！这鬼天气！也不知祖祖辈辈到底受的是什么罪。咱命也真够苦的。上要偿还陈年老账，下要给予太阳光，真是冷得受不了喽！"

原来是个铁匠在边拉风箱边自言自语。

"'上要偿还陈年老账，下要给予太阳光'，不知此话应作何解释？"

国王回宫后百思不得其解，便命手下大臣将那铁匠唤来。

"朕叫你来，是有话要问你。前几日凌晨，朕在路过你家屋前时，偶然间听你讲道：'上要偿还陈年老账，下要给予太阳光'，此话怎讲？"

起初以为自己犯了什么重罪才被唤来，吓得哆哆嗦嗦、趴在地上的铁匠，听到国王如此问来，便叹息一声答道："俺家世世代代皆乃铁匠出身，小人也是继承祖业。虽活计十分辛苦，也未曾有过半句怨言。唯有一事，着实不易，就是不能将火种弄灭。若要如此，不论是刮风下雨，每日黎明时分都要早起拉风箱。倘若清晨火种灭掉，则需重新生火，那可不是一般的困难。如若一不小心灭掉火种，则一整天将无法炼铁。那日凌晨也是为了不使火种熄灭，一人出来拉风箱，加上那天天气严寒、身体不适，便不自觉地哀叹起小人命苦来。上有要赡养的祖父母和父母双亲，膝下还有七个儿女。小人细一想，双亲的养育之恩是至死应偿还的债务，而子女们就似时时需以真诚的阳光雨露浇灌才可成长的树苗。想到此嘴上也不知不觉地发起'上要偿还陈年老账，下要给予太阳光'这句牢骚来。"

听完铁匠的一席话，国王领悟到被自己遗忘已久的那份可贵的人生哲理。

"你所言句句在理！祖先和子孙自不必言，世上所有也均与我不二地相互联系在一起，朕为何将此遗忘而活至今日！就是说这世上的万物万生按各自演绎着的角色相互交融、运转为一的道理。"

国王意识到其实自己与铁匠也并无分别。国王真心认识到：作为一个人，上有要赡养的双亲，膝下也有需要养育的子女；作为一个君王，上要使国家繁荣昌盛，下要让百姓安居乐业。不仅如此，他还醒悟到：广施仁政并不是什么了不起的事情，而作为人出于世、作为君王生于世，只是尽了应尽的职责而已。

国王为感谢铁匠使自己悟出这番难能可贵的真理，赐予了铁匠良田与仆人，足以令其安度余生。不仅如此，打那以后，国王更是施恩于众百姓，成为了一名圣主明君。

任凭做过多少善事还是做了多少物质布施，若心中存有"是我所为"之念，则无法成为功德。只有达到将有无合一、以一根手指支撑整个宇宙的境界，不论做什么事，均可功德无量。当至此境界之时，才可用一碗饭喂饱全宇宙，而这碗饭却不会少一粒米。

因世间存有这般道理，不论是赡养父母还是抚养子女，都要明白其实自己与他们并不为二，请以没有"我做的"这般想法去"行"。那全家上下皆会相亲相爱、和乐融融。

五

·

磨砖成镜

这 是从前**马祖**[3]禅师进入般若寺修行时发生的一个故事。当时，**南岳**[4]禅师在寺里任住持，其觉悟的境界至深至远、名声远近闻名。因而，在般若寺内拜南岳禅师为师，欲受其教诲的弟子不计其数。

马祖便是如此众多弟子中的一个，与其他师兄弟一同接受南岳禅师指点，并且自以为自己是在潜心地修行。而早已知晓其聪慧过人、与众不同的南岳禅师，一直在旁留心观察。

某日，为精进修行，接连几天一直在打坐的马祖，被为师的南岳禅师所瞧见。而南岳禅师在旁又观察了数日，也丝毫不见马祖有停下此般修行之意。于是，南岳禅师拿来一块砖，开始在马祖面前磨了起来。见师父这般异常之举持续了一整日，马祖着实感到疑惑不解，向南岳禅师询问其中原委。

"师父，您磨这块砖究竟有何用处？"

"我想磨成镜子来用。"

"砖块怎能磨成镜子？"

"那盘腿而坐就能成佛？"

---

[3] **马祖道一**(709-788)：法号大寂禅师，是中国唐朝的禅僧。19岁时出家，继承并宣扬了南岳怀让的禅法。在日常生活中行禅的新式禅宗从此出现，将其解说的教理编为书籍的《马祖语录》流传至今。

[4] **南岳怀让**(677-744)：是六祖慧能大师弟子中最先谈及的重要人物。犹如繁星般璀璨的各大宗师随其学习了佛法，马祖道一是其中最为出众的一个。

师父所言好似迎头棒喝，令马祖听后全身战栗。于是，马祖小心翼翼地向南岳禅师请教。

"师父，那弟子该如何是好？"

南岳禅师目不转睛地盯着马祖的双眼说道："我问你一件事。若牛车不往前行，应鞭打牛车还是鞭打牛？"

就在此瞬间，马祖忽觉茅塞顿开、豁然开朗。

❦❦❦❦❦

因这里的牛指心，牛车是指身躯，自然应该鞭打牛。而有些人得知心灵是身躯的主人，便只重视心而不重视身躯。还有些人说是为了修行，却将心置于脑后，只拿身躯大做文章。但若心正，身也不会不正；若行得正，心也会从中得力，故不能认为哪个重要、哪个不重要。而且，若脱离了身躯，欲修行也无法行，在修行上是无法将心与体相分离的。

即便如此，成为主体的仍旧是心。譬如，在培植树苗之时，若只知精心呵护枝叶而不顾及树根，又怎能将其培育成参天大树？修行也是如此，并非身躯，心为主方可成佛。我们的日常生活也无异。然而，虽并非不明其理，可我们的言行却时常有不得体地显现之时。这是因我们本应将一切托付于我的根本心，但由于业识与习性不易做到之故。因而,我们便会以**思量心**[5]去分别,那不得体的言与行自然就会显现出来。

在现今的我出世之前就已存在的我的根本心,我们人人具有的这根本心是超越时空而相互联系在一起的。请将一切放于此处!然后,若好好观察,就可明白所有的一切可似**如如**[6]般地运转。请探究一下人人都具有的根本心吧!请不断地去尝试和体验所探究到的,同时将其灵活地运用于现实生活中,充满智慧地为自己的人生之旅导航!

---

[5] **思量心**:一般是指为分辨是非而考察或思索。但在佛教中认为,在以头脑计较利害得失并将对方与己分别的意识中会产生诸多妄想,应当扬弃。

[6] **如如**:是指万物万生俱无差别、居无定所、无时无刻不在流逝而运转着的原本样子。乃一切万物不被固定而运转的真实模样。应和此潮流的人生便是如如之生。

六

·

舐犊情深

很久以前，有一对老夫妇，膝下育有一子。因只有这么一个子嗣，夫妇二人视如珍宝、宠爱有加。但其长大成人娶上媳妇后，竟瞒着父母变卖了家里所有的财产，携妻一同远走高飞。起初二老觉其行径可恶而十分气恼，但那也只是一时之气，"是今日能归，还是来日方回"，日复一日、焦虑不安地盼着他们重返家园。因家里的所有财产均被小儿夫妇洗劫一空，只剩下一间茅草屋，老夫妇二人除了现今所居住的茅舍，几乎一无所有。因此，二老本应为自己当下的一日三餐发愁，可整日却只顾挂念儿与儿媳。

"也没几个钱，不晓得钱花光了，日子过得下去不？""这么久也没个音信，不知是死是活？"

老夫妇二人终日祈求上天保佑儿与儿媳，不管在何地均可平安无事、衣食无虞。

就这样每日万分焦急、望眼欲穿地期盼着他们回来，可他们却无法继续留于家中。身无分文的老夫妇，不得不将那间茅草屋卖掉来维持生计。老夫妇因无处安身，只好住进附近的一座寺庙里。在那里，妻子在膳房里做事，丈夫则负责砍柴烧火。此后不久，二人相继离开人世。几年后，两人在邻村投胎又重新来到了世间。他们因在同一个村子里长大，情同手足，后来一道来到前生住过的那座寺庙里，出家成了比丘僧。丈夫成了师兄，妻子成了师弟，二人在那里潜心地修行。

一日师弟外出，在返回寺庙的途中，见村口有一个快要倒塌的窝棚，便进去看了个究竟。里面住着两位老人。一人将布袋穿了个洞作为衣裳，另一个身上穿着的也是件破烂不堪、不成样子的衣服，也不知二人多久没有进食，两人都是骨瘦如柴、一副凄凉的模样。若置之不理，不消几日二人将会死去。

师弟觉得他们实在可怜，回到寺庙后便立即将此事禀告了师兄。听了师弟所言，师兄虽不识其人，却生怜悯之心，便想法子济渡他们。师兄凝思少许后对师弟说道："你去叫他们将穿在身上的衣裳布施出来。"

要将那又脏又破、连抹布都不如的衣服化来，师弟感到有些意外，可还是听从师兄所言走向了村口的窝棚。

师弟走后没多久，他们的师父走了进来。师兄便将住在窝棚里的那两位老人的遭遇告诉了师父，言语间充满了怜悯之情。可师父听了之后却辗然而笑。

"天伦岂可被拆散？在前生，你们师兄弟二人是夫妻，他们两人中的一个是你的儿子，另一个是你的儿媳。"

师父将那对老人与师兄弟间的因缘，以及他们在那段时间里是如何过活的都讲给了师兄。师兄听后觉得心痛万分、不可思议。

"世上竟有这种事情？在前世，我是那么虔诚地为他们祈福，今生又是如此潜心地修行，为何我儿的境遇却如此悲惨？"

于是，师父以遗憾的口吻讲道："我晓得你想为子付出所有的心境。可不论你欲如何给予，奈何对方心中充满了贪念与**三毒**[7]，哪有接受你慈悲与祝福的余地？"

师兄感到内心如同被撕碎般的痛楚。师兄心想，无论如何一定要让他们脱离三毒的深渊，助他们找回自己明亮无比的原本心。

而与此同时，窝棚里却吵闹万分。没想到突然有一僧人闯了进来，不分青红皂白地叫他们把破得不能再破，却是唯一的衣裳布施出来，这对两个老人家来说简直不可理喻。有了这件衣服才能出去行乞，而这位出家人对他们的恳求竟毫不理睬，只见他大发雷霆地吼道："啥话也不必说，施出来便是。况且你们只有布施衣物这一条出路！"

面对僧人的叱责，老人无可奈何地把穿在身上的那件破衣裳丢给了僧人，将布袋撕成两半，只够二人勉强遮掩重要的部位，这下连出门乞讨也成了奢望。

师弟刚将那脏衣服穿在扦子上带回寺里，师兄立即将衣服洗净，并吩咐师弟要用上衣擦经殿，用裤子擦寺庙里的**寮舍**[8]。师兄弟二人从早到晚一直不停地用其擦洗，原本就破烂不堪，又怎能

---

[7] **三毒**：是指对用善心行善事而得善报起妨碍作用的，令人陷入烦恼的三种心态，即：贪、嗔、痴。

[8] **寮舍**：泛指在寺庙里与僧侣们的生活起居有关的建筑物。

耐上几日? 后来, 见实在是使不了, 便把剩下的几块破布片烧成灰泡在水里, 两人将其都喝到了肚子里。那种深情是无法用言语来描述的。不论是身为父母时还是作为比丘僧的现在, 均是情至意尽。

打那以后的某一天, 村里人发现最近总不见每日来讨饭的乞丐夫妇。

"那两位老人不会是死了吧? 怎么不来讨饭? 是不是该去瞧一瞧? "

虽平日里未曾关心过乞丐夫妇, 可见每日出现在村里的人突然没了踪影, 出于好奇, 村里的长辈与几名后生来到了窝棚里。果不出所料, 窝棚里的两位老人已经饿得奄奄一息。邻里们觉得不能见死不救, 便决定将二人带回村里, 还请来了郎中为他们看病, 并轮流照看他们。

因受到了这般悉心照料, 两位老人不禁回忆起了从前往事, 想起了自己是如何对待父母的。后来, 这对老夫妇寻访到先前让他们布施破衣裳的那位僧人所在的寺庙, 并向庙里的僧人述说了自己年轻时是如何的不孝及离家出走后的遭遇。

"我们做了许多对不住父母的亏心事儿。在离家之后, 事事不顺、受尽千辛万苦, 这全是因自己造的孽。我们做的唯一的一件善事就是把那件穿着的破衣裳布施出来, 那还是这里的师父让我们做的, 可因这份功德, 我们现在活得好好的。而我们连父母是在何地、怎么过世的都不晓得。世上哪有这样的不孝子啊? "

听完这席话的师父说道："你们的父母双亲便是这里的这两位僧人。"

老夫妇二人自然难以相信这一事实。师父接着又说道："虽没有前生父母的容颜，但他们的确是重新投胎于今世，令你们布施旧衣物的那两个僧人。在前生，为你们献出了一片至诚，今世更是诚心至极。用你们布施的破烂衣服不知将庙里上上下下擦了多少遍，剩下的一点小布片也烧成了灰喝了下去。父母之心就是如此真诚可贵。"

听了师父所言的老夫妇，顿感痛切摧心。在全家祝福声中来到人间，受尽了父母的宠爱却不知其恩惠而铸成的大错，如此伤透了父母的心离家出走后，有时做了伤天害理之事，却不知自己是在行恶而至此的所有时光，一瞬间好似走马灯般地浮现在眼前。以痛悔之心回顾自己的一生，忏悔的泪水如泉涌般地流了下来，竟说不出一句悔过的话来。他们只是握住师兄弟的手痛哭流涕，就这样在原地闭上了双眼。结果在两世给予他们深情的父母怀中，得以忏悔一切后离去。师兄弟二人将儿与儿媳的所有意识放入自身，以根本归一后，只收了他们的肉身。就这样，倾注了作为父母的所有真诚，使儿与儿媳得以将自己的业识消融，将只能看着儿与儿媳的不孝而存活于世的自己的那份业识，也一起消融掉了。这样一来，既救了儿与儿媳，也救了父母。

人们基于"为可怜某人"或"为深爱某人"的这一想法所做出的许多事情,其实都是为了自己,并不是为了他人。此外,自己的所作所为均会毫不留情地回报自己的这一道理,也是绝对不可忽视的。最起码,若我们明确地懂得这两样道理,就不会虚度光阴、蹉跎岁月。请真心诚意地、竭尽所能地生活!请真心实意地度此一生!那为自己所行之事便是为他人所做之事,为他人所行也就是为己所为。

所谓修心并无其他。若只知道自己所苦,不理会他人所困,那便谈不上做好修心这门功课。既然生于此世间,就得同舟共济,要拥有一匙羹也要与他人分享的心地。大家应了解如此这般的心一颗颗地凝聚在一起,在供全人类分享之余还会有所剩余的这一事实。

七 · 空空的福袋子

古时候，有个生活十分窘迫的男子，死后来到了阴间。

此人生前虽与富足的日子相距甚远，但未曾因此贪图过他人的财物，也从不奢求什么。只是将不欺骗他人、满足于自己所拥有的日子，视为最美满的生活。就这样，男子觉得自己过完了善良的一生，相信死后必定会去往极乐世界。可待其真的来到阴间，呈现于眼前的非但不是美好的西方极乐世界，四周却是漆黑一片，只有一排排燃烧着的蜡烛。蜡烛的大小模样也都不尽相同，有的粗，有的细；有的长，有的短；有的烛火燃烧得很旺，有的似乎马上就要熄灭。然而，仔细一瞧，在每根蜡烛下面都一嘟噜一嘟噜地挂着个福袋子，袋子上面还贴有人的姓名。待这个男子走近查看一番，竟发现了粘有自己名字的蜡烛与福袋子。这是怎么一回事？为何烛火已灭，福袋子亦是完全空的？

正当男子不知如何是好而立在原地时，忽然有位留着长白胡须的老者出现在其面前。老者声称是这里的主管，也是他的第九代曾祖父，还为其解释了蜡烛与福袋子的意义。

"蜡烛是表示一个人的阳寿。而福袋子是喻示人们生前所积下的功德。可是，看你的便可知晓你的阳寿已尽，福德也所剩无几喽。祖先们代代行善积下的福德都为子孙们所耗尽，到你这一代竟不剩分毫。况且你也未曾积下多少福德。不过，你这一生也算为人正直、与人和善。"

老者念在自己的曾孙虽一贫如洗，可这辈子也算过得踏实，不免为其感到可惜，指着旁边放着的一根长蜡说出这番话来。

"这个人命长，要活很久，不过若要享用自己所积下的福德，至少还需过八载。我姑且将此人的福德与阳寿暂借与你，你可重新返回阳间多行善事。那不仅可偿还现今借走的阳寿与福德，还可给予他人更多的帮助。你已具此德行，不妨去试一遭。"

老人在叮嘱曾孙八年后务必要将福德与阳寿归还其主人之后，便将男子送回了阳间。

而在阳间，见男子起死回生，众人都不禁大吃一惊。起死回生的男子对曾祖父所言从不敢掉以轻心。他若碰到饥苦之人，至少会将自己碗中物分与对方一匙；若遇可怜人，就好似自己的遭遇一般心痛万分，会尽己所能助人一臂之力。而且他变得比从前更加勤快，做事也比先前还踏实，也许是因此缘由，做什么事都得心应手，不久便成了一个大富翁。

八年后的某一天，一乞丐来其家门前恳求收留自己，即便是做家丁也心甘情愿。而成为富翁的男子在瞧见乞丐面容的瞬间，便一眼认出这个乞丐就是借与自己阳寿与福德之人。即刻感觉到己至归还福德之日的富翁，按照与第九代曾祖父的约定欣然将自己的所有财产归还给了那个乞丐。

这个男子至死不忘积德行善，之后子孙后代也继承了其遗训，世世代代积下了大功大德。

若不知过去，请看现今；如不晓未来，请看今朝。前世欠下多少，便有多少苦难降临，无心犯下的过错会在无形中承受，而有心犯下的罪孽便会在有形中受到惩罚。此外，若大家留心观察现今的所作所为，便会知晓我们将面对何等的未来。

现实生活中，每个人都晓得往存折里存款，却为何不知往我们生生世世所必需的福袋子里积福呢？

八 · 将军之梦

这是建立朝鲜王朝的李成桂，在任守卫朝鲜半岛北部边疆的将军时发生的一个故事。李成桂在某日做了一个十分奇怪的梦。梦见自家屋顶上有一群乌鸦在大声地哇哇叫；一面镜子掉在脚底下哗啦啦地摔成了碎片；再往窗外一看，花朵盛开之后在瞬息间无声无息地凋落；又瞧大门，有个稻草人吊在那里摇晃不已。

由怪异的梦境中惊醒的李成桂浑身直打冷战，心想："这梦非同小可，必定是什么不祥之兆。"

作为高丽国的将军，虽是历经大大小小数不清的战役，目睹诸多悲惨凄凉之景，也未曾皱过一下眉头的骁勇善战的军人，可自从做了此梦，一种说不出的不祥预感萦绕于心头，始终挥之不去。如此坐立不安数日，李成桂便决定去向他平素奉为恩师的**无学大师**[9]求教。无学大师乃当代最具智慧及仁爱的一位声名远扬的高僧。李成桂来拜见大师，并诚恳地向其请求为自己解梦。

听将军讲完其梦境，无学大师直盯盯地看着将军满脸愁容的面孔，嘴角露出一丝微笑地道："将军即将成为本国之君。王宫有新天子驾临，**乌鸦**[10]当然要叫。镜子哗啦啦地摔成碎片表示众

---

[9] **无学大师**(1327-1405)：高丽王朝末期的禅师，主张无所有，并助太祖李成桂建立朝鲜王朝，后成为太傅。

[10] **乌鸦**：因其通人性、嗅觉极为灵敏，自古以来若村里死了人或有外地人出入，都会最先感知并有所反应。另外，在韩国古代历史上，作为太阳鸟、火鸟，与凤凰一同被视为象征天子的神物。在部分地区至今仍被认做是一种神圣的动物。

百姓一齐欢呼拥戴新君主，花开过之后立即凋谢是指将军的努力要结出硕果。此外，在门上悬着的稻草人有众百姓敬仰将军之意。"

如此听了无学大师的解梦，李成桂内心的焦虑便好似烟云般地散去。后来，李成桂成为朝鲜王朝的太祖。

🌰🍂🌰🍂🌰

无学大师并不是依据这种梦是噩梦、那种梦是好梦的固有观念来解梦的，是将一切放回根本处，按重新源于此处的来解梦的。

即便大家在梦中见到了披头散发的鬼魂，也不要以习惯性的想法去诠释而不知所措。应将其放回根本处，并发出好的念头。因连梦中所见也均源于**主人空**[11]、根本处，故请不要为之迷惑而应将其重新放回根本。那就不会因"好"、"坏"的想法而一喜一悲，可堂堂正正地、毅然决然地面对人生。

---

[11] **主人空：** 是指通过我们每个人与生俱来的根本心，与所有万物万生的根本直接相连之所。因是使我存在、让我活动、掌管我一切的真正主人，可称为主人，而又因每瞬间都在不停地变化、运转，并没有固定的实体而可认作是空的，写为空心的空，故称作主人空。

九

·

坠坑之狐

在森林某处，有只狐狸被一只老虎拼命地追赶着。狐狸四处逃窜，却难耐老虎锲而不舍地追逐。狐狸为了回头瞟一眼后面紧追不舍的老虎，一不小心失足，掉进了一个深坑里。而由于坑的入口过于狭小，无法跳进去的老虎，为了抓住狐狸，虽伸入前爪一试，可因坑太深而无济于事。老虎无可奈何地绕着狐狸掉进去的深坑慢悠悠地转了几圈，便悻悻地离开了。

尽管老虎已经离去，但因坑又深又窄，任凭狐狸如何努力也无法从中脱身。就这样狐狸饿着肚子、一动不动地被困于坑中数日。起初，见追赶自己的老虎离去，狐狸因得以逃此一劫而松了一口气。不过，那也只是一时，由于陷入坑中使其动弹不得，狐狸的内心被有可能葬身于此的恐惧与不安所笼罩着。一心欲从这里脱身的狐狸，用爪子不停地去抓坑的四壁，直至指甲裂开、血流不止，为从狭窄的坑中出来，使出了浑身解数。

但一连数日滴水未进的狐狸，渐渐体力不支，连睁开双眼都很吃力。狐狸已筋疲力尽得无法生起任何念头，无论是对有可能死亡的恐惧还是要活下去的意念。此时，在狐狸身上发生了一件稀罕事。心中泛起的万般思绪渐渐得以平息，狐狸不知不觉间进入了**禅定**[12]。虽只是转眼的一瞬，但却达到了**法眼净**[13]的境界。

---

[12] **禅定**：是指专注于心中一境，平息所有烦恼及杂念，以平和的心态冥想而毫无动摇的状态。

[13] **法眼净**：有"看清真谛的双眼乃清净"之意，得法眼净是开悟明心者的初果。

而治理天界的帝释天却看到了森林里所发生的一切。在狐狸至法眼净境界时，帝释天下凡来到森林，郑重地向狐狸行了个大礼说道："虽为狐狸身，在短暂的一瞬却发现了自己的本性实在难能可贵，值得嘉奖！"

可狐狸却一头雾水，对帝释天所言不明所以。只觉帝释天不快点将自己从坑中救出实在可气，便怒气冲冲地嚷道："你向我行礼又有何用？若真心助我，快快救我出去。你可知我现今是多么痛苦？"

对发着牢骚的狐狸投以宽容目光的帝释天，立马将其从坑中救出。并且还赠与它一件绣有漂亮花纹的丝绸衣裳。接过衣服的狐狸，只觉莫名其妙，直盯盯地望着帝释天问道："你瞧瞧我的模样！这样的衣服对我这畜牲又有何用处？"

狐狸将丝绸衣裳还给了帝释天，连一句道谢的话也没说，一转身就消失在了树丛中。

在这个故事里，狐狸代表的是人，老虎是指真理，帝释天是指醒悟。因老虎的追逐掉入坑中的狐狸，在里面历尽了千辛万苦，并达到了可称为修心的第一阶段，可认识自身本性的一瞬。帝释天觉得狐狸实在可嘉，欲将丝绸衣服赐给它，是想助其发掘内在与生俱来的根本心之潜力，激励它向更高层次的存在进化。

而遗憾的是，狐狸并没有理解帝释天的意图。虽因饱受皮肉之苦，暂时进入了禅定而得以从坑中脱身，但因自身习性与固有观念，狐狸的意识层次并没有因此而得以提升。狐狸若能屏除对自己身躯的依恋及平时对世间事物所抱有的固有观念，它便会意识到其实自己与老虎及帝释天并非相异，那自然会无所顾忌而欣然接受帝释天赐予它的那件丝绸衣裳。即便博览佛学经典、潜心研究其中教诲，经受了数不清的磨难，进而看到了自己的本性，若不能摒弃自己的习惯与固有观念，那与放弃丝绸衣物的狐狸又有何不同？

十 · 投胎为牛的公公

在江原道（韩国）一个偏僻的小山村里，有一位与儿子夫妇和孙子们同住的老人。对老人家来讲，因生活本身就是修行，故虽其家境贫寒，却自觉是个多福之人，日子也过得快活、自在。可一日儿子因突发事故不幸离开人世。而且得知自己阳寿所剩无几的老人，因担忧日后家人的生活，只觉眼前一片黯淡。在自己死后，儿媳一个人既要在村里务农，又要在家境困窘之下养育年幼的五个儿女，这是何等的不易，老人家比谁都清楚。再加上儿媳对农活还不甚熟练，很多地方还需老人在一旁指点。因实在放心不下，在琢磨几日后，老人便下决心投胎为自家的牛来帮助儿媳。

在老人家过世几个月后的某一天，家里养的母牛生了一只牛崽。因母牛其间一直未分娩，在让人担心之余竟生了一头健康的小牛犊，真是难得一喜。尤其是小牛那眼珠子非常灵透，谁见了都会感觉到其非同寻常。小牛长大后开始帮着做家里的农活，好似从前在哪里学过一般，无需别人帮助，什么活儿干得都很利落，这对因农活还不甚熟练而费心的儿媳来说，小牛简直就是个宝贝。而且牛还会哄孩子们开心，不知有多精心地照顾他们，儿媳把这头牛当成了家人。

一次，还有过这么一件事情。一天，儿媳在地里干活，被蛇咬到了脚踝。幸好不是毒蛇，但因伤口发了炎，儿媳接连几日高烧不退、卧床不起，在房间里哎呦哎呦地呻吟。孩子们还小，只知守在母亲身边着急、担心，却不知如何是好，而这头牛却把受伤的儿媳驮在自己的背上，将其带到山中的泉水边。据说这里的泉水，不论是生病的人喝了还是受伤的人用来洗伤口，均会立即见效，故被称为神秘之泉。儿媳将因受伤发炎而脓肿的脚，泡在泉水里睡了几个时辰，醒来时发现不知何时脚已消肿、烧也退了，儿媳对牛更是感激不尽。

日子一晃过了二十余年，年幼的孩子们也均长大成人，各自成家立业离开了家园。因嫌农活又脏又累，做起小生意的子女们，都觉得家里没有安置老牛的地方。于是，他们对母亲说道："妈，那头牛已经老得只会浪费粮草。因此，还不如廉价将它卖掉，跟我们一起到镇里过日子吧！"

可对儿媳而言，这头牛宛如家人，无论如何也未曾想过因牛老了要将其卖掉，不顾子女们的央求，自顾自地留在了村里。

就这样，只剩下自己与老牛一同生活的某一天，提早入睡的儿媳做了个怪梦。在此期间，从未梦见过的公公竟出现在梦中活灵活现地道来。

"我走之后，你所受的苦真可谓是一言难尽，为了相助于你，我暂时借牛身来到世间。我虽又将离去，但还有另外一个我在大山背后的一个小寺庙里修行。若你有随我修行之意，可到那里来找我。"

由梦中醒来的儿媳，在惊吓之余，光脚跑到牛棚一看，几个时辰前还好端端的牛，已安详地闭上了双眼。儿媳为相助于己竟肯投胎为牲畜的公公深情所感服，禁不住潸然泪下。

将老牛安葬在院子里的儿媳，等天一亮便朝公公在梦中所诉的那个寺庙方向走去。走了几天几夜，终于来到那座寺庙一看，真的有位二十岁上下的年轻僧人独自一人在那里修行。而他的面容竟与过世的公公如此相像，连脸上的痣的位置也一模一样。

若单看一杯水的力量,其实并不见得有多大。请将这杯水倒入海水中一试!那这杯水与海水汇成一体而流淌,以巨大的能量变幻显现为多种形式,可发挥出诸多作用,不是吗?但心的力量,又岂能与一杯水相比?若你心、我心地分开而论,只不过是一方见解的我们的心,在可成为一心而运转时,那真可谓超乎想像。因心原本就通过根本相连为一,若能抛下分别心,将所有放于我之根本,便可成为一心而一同运转。如此成为一心而运转的此处,并无杰出之人与凡庸之辈的心之差别,也无禽兽与人的心之分别。

因此,若真心想帮助某人,请不要将自己的心与他人之心相分别。并请将一切托付于根本处!那将会有无法描述的某种心绪油然而生。这就是真正的慈悲心。最终,此心、此般能量,将在无形地来与回之间变幻显现为各种各样的形态,发挥比大海更深、更广的力量来帮助对方。这种源于慈悲心的"行",方可谓为助天下人的菩萨之"行"。

老松电闪雷鸣，

尘世间春雨绵绵。

雨水填沧海，

大小鱼儿

满心欢唱，翩翩起舞。

十一 · 阿难尊者与锁孔

在释迦牟尼佛祖进入涅磐之后，其弟子们便开始迅速地结集、整理起佛祖的言教来。为此，五百名弟子皆聚于一堂，并推举**迦叶尊者**[14]负责结集。但作为结集负责人的迦叶尊者，却称无法允许**阿难尊者**[15]参与结集。而迦叶尊者的此番决定使在座的众师兄弟大为震惊。因阿难尊者是聆听佛祖法文最多，侍奉于佛祖左右直至圆寂的弟子。对面面相觑、不明所以的师弟们，摩诃迦叶如此道来。

"佛祖曾言，应知晓'无'的世界与'有'的世界在平等相应地作用着，并可将有无两面合为一而运转。而阿难因具分别心，并没有与根本处相契合，故不会将有无两面圆满运转，即便阿难可将佛祖的教诲一字不差的全部印于脑海之中，那也不足以证明真正领悟了其中内涵。不懂得教诲深意之人，纵然只写一句，也无法准确传达其意，故没有资格参与结集。"

听了此话的阿难，心里很不服气。

"分别心还余于我心？佛祖所言，至今我一一铭记在心，并原原本本地依此来践行而至今日，这般的我还存有分别心？"

---

[14] **迦叶尊者[摩诃迦叶]**：是释迦牟尼佛祖十大弟子之一，一向少欲知足，重视戒律，被尊为教团之上首，在弟子中作为"头陀第一"的圣者而受到尊敬，又名大迦叶。

[15] **阿难尊者[阿难陀]**：是释迦牟尼佛的堂弟，也是佛祖的十大弟子之一。作为侍奉佛祖左右的侍者，是听佛祖教诲最多的一个弟子。佛祖圆寂后，是以大迦叶为中心编辑经典的第一次结集时的核心人物。

阿难无论如何也无法接受迦叶尊者所言。可因是对师父教诲之深意最先得以领悟并照此来践行，且其修行深度已得到师父肯定的师兄所言，故不敢忽视。自此之后，阿难一门不出、二门不迈，废寝忘食、专注于精进，没有丝毫的动摇，并不断地放下了心中生起的所有念头，一心朝着根本处无条件地向里进入。本着与"真我"真正合一的一念，超越生死般地致力于精进。

终于在一天夜里，阿难尊者领悟到了迦叶尊者所讲述的"与根本合一，不二地运转"是何道理。欣喜不已的阿难径直奔向师兄弟们的结集之处，并敲响了房门。

迦叶尊者在里边问道："谁呀？"

"是师弟阿难。"

"都这么晚了，你为何而来？"

"师兄！师兄！我已经悟出师兄言语中的道理。请许我进去。"

听到此言的迦叶尊者心中大喜，便向阿难说道："师弟可真了不起。快进来吧！不过，你若真想入内，可从锁孔里钻进来。"

阿难毫不犹豫地穿过锁孔进入屋中。迦叶尊者看着为了行礼而走向自己的阿难，眼中充满了惬意与欣喜。相互行过礼的二人，紧紧相拥在一起，喜极而泣。

若真正认识了自己的真实品性，便可用心眼来观察一切。可得知一切原本就是经一心相通，并没有所谓的去与回。阿难尊者因真正开悟而得知自己与迦叶尊者之心并无分别。阿难尊者之所以可以通过锁孔进入，是因为万物万生原本就是通过根本而连为一的。

而佛祖所言中有"因门多而不易寻，也因无门亦难寻"这样一句话。其实，因一切皆为门而无门，因无门亦无锁孔。因此，此刻不妨省思一下自己。是否为学习佛法、世间万物循环运作的道理，而在苦苦寻找"门"，是否在为寻"锁孔"而煞费苦心？

请审视一下自己，对佛祖教诲，是不是不懂践行，只晓以"学"、理论来研习，或是否在不明蕴意而浮浅地生搬硬套。自己对事情的接受与反应并非固定，事情展开的过程也不是固定的，请观察一下自己，是否将这些均看作是固定不变的。心不清净，则无法正见真理。

十二 · 蚯蚓汤

在很久以前的一座山间小寺庙里，有几名弟子在侍奉着恩师修行。师父因身体不适，多日没有进食而气力日渐衰弱，以至卧床不起。但在深山老林之中，又没有什么可补血养身之物，故弟子们不是一般的苦恼。这样过了几日，其中年纪最轻的一个弟子，猛然想起从前听说过的一个民间秘方。如若将蚯蚓熬成汤让体力衰弱的病人服下，则可马上恢复体力。这位小师弟便立即跑去将此秘方讲与师兄们听。但师兄们觉得杀戒乃出家人应遵循的第一戒律，故意见不一。可是，小师弟见师父日渐消瘦，觉得实在不能再耽搁下去，心想："若能救恩师的性命，纵然犯了杀戒来世变成虫子，也无关紧要。"

于是，小师弟花了好几个时辰，在山里挖来了数百只又肥又大的蚯蚓。然后，进入灶房将蚯蚓洗干净后，便开始精心地熬起汤来。

"小家伙们！真是不得已才把你们请来。但你们的身躯可用来救我恩师的性命。真是感激不尽！为救我恩师，你们献出自身性命的这份因缘功德，我一定不会让此白费。因我心与你们的心并不为二。"

小师弟怀着对蚯蚓的感激之情与师父必会康复的信念，每日精心地将蚯蚓熬成汤，并服侍师父喝了下去。

可在一旁看到这一切的师兄们却对小师弟责备道："你想遭受何等惩罚？究竟是什么念头，令你违反不可杀生的戒律？"

而小师弟却如此答道："诸位师兄，若愚弟真是犯下了不可饶恕的罪孽，那自当受罚，请不必顾虑。但此事也在于我们如何看待，愚弟倒认为这是个两者均可救助之举。其实，如畜牲、饿鬼之类，即使修炼千年，也难得有机会进入修行者的口中不是？蚯蚓成了恩师的供养而与修行的恩师成为一体，在下此举算救了这些蚯蚓；而恩师的贵体若因此得以康复，恩师也便可得救；此乃两者皆可救助之举？"

过了几日，喝了蚯蚓汤的师父终于提起了精神。得以恢复体力的师父，便将众弟子叫到跟前开始询问。

"徒儿们！每天老幺拿来的汤药味美可口。不知是用何等草药熬出来的？"

小师弟听后连忙答道："回师父，是用深山古木上摘下来的嫩芽熬出来的。"

师父听了此话，便会心地笑了。

大家可曾想过，怎样生活才算得上是遵守戒律？作为无之法，实指对有之法做到正见及践行，即懂得可见世界与非可见世界并非各自独立运转，努力地去行中庸之道，这就是真正遵循戒律地去生活。

之所以叫人不要杀生，是因为世间万物均似我们身体般的珍贵，他们所承受的苦痛和我们经受的痛苦并无分别。若懂得其中道理，就不会随意对待其他生命。但人生在世，有时会取别人所杀，也有不得以亲自夺取其它生命之时。

而在那时，我们应毫不犹豫地将其交与我根本处的主人空，是不为二的！就是说应以其心与我心不二的想法录入我的主人空。若能如此，便只是毁了其身与形，却助其摆脱了无名。但这都是随境遇不得已而为之，若为了满足自己的私欲或单纯寻乐，那则可称之为地地道道的杀生，铸成大罪。因此，请不要不随心所欲地去杀、去吃。尤其是有计划地去残害生命，那更是万万不可的。

十三 · 荞麦疙瘩汤

从前，在一座深山中的某个寺庙里，众僧均聚在一起面壁打坐。在坐禅的和尚中，有一位年长的和尚忽地环顾了一下四周，噗嗤一声地笑道："英俊的脸蛋都快贴到墙里头去喽! 自己的本来面目就在此，又欲到哪里去寻? "

老和尚言下之意是指自性原本就存于各自心中，墙上哪里贴有自性，何必苦苦盯着墙壁。众僧静静地听他这么一说，顿觉老和尚的话语句句道破人心，便一齐商议拜老和尚为师，向其学习佛法真谛。

有一日，师父不知从哪里弄来一把荞麦种子，叫弟子们种在地里。因在山中，也没什么像样的吃的，弟子们心想着可以用收成后的荞麦做些食物来吃，便满心欢喜、不知辛劳地干起活来。种完了荞麦种子，弟子们便向师父询问。

"师父，咱以后可以用荞麦做面条或打糕来吃，是吧? "

师父对满怀期待的弟子们待答不理地说道："那也得看看方知。"

不知不觉间，荞麦苗发了芽，麦地里开满了花儿，弟子们又问道："师父，咱日后肯定能吃上荞麦糕，是吧? "

但师父仍很不情愿地答道："那也得到时候才晓得。"

终于等到荞麦花谢、麦粒成熟，师父令弟子们将荞麦磨成面粉做成了疙瘩汤。过了一会儿，一弟子问道："师父，照您的吩咐，疙瘩汤已经熬好了。这下可以真的吃上了吧? "

可师父还是面色难看地答道："那也得吃到嘴里方知。"

那天傍晚，庙里所有的和尚都聚在一起吃起了疙瘩汤。每个和尚都不约而同地舀起一勺儿放进了嘴里。就在此时，师父大喝一声："不许吞下，也不要吐出来！"

师命难违，众弟子只好将滚烫的疙瘩含于口中，谁知疙瘩竟一声不响地融于口中，滑到了肚里。

过了一会儿，师父用眼扫了一下周边的弟子们，问道："疙瘩可还在口中？"

话音刚落，一弟子答道："还剩一点儿。"

师父又向四周的众弟子看了一眼。此时又有一弟子答道："哎呀，不知不觉已滑到肚里去了。"

师父向那个弟子问道："那是怎么一回事？"

"弟子也不太清楚，没来得及咽却已滑到肚里去了。"

师父陡然一喝："就是这个！可知没有吃却已下肚的道理？"

此时，弟子们才恍然大悟。

疙瘩汤并非疙瘩汤，滑下去的也并非是滑下去的，吐出来的也不是真正吐出来的，就是此番道理。因为所有一切在各自存在的同时，刹那间在不停地变化，并连为一体而共同运转。智慧是如此，佛陀也是如此，空性也亦然，此间有什么可添加或可去除的，又有什么可顾虑的呢？因此，对欲获得智慧的想法、成佛的本身，也不必念念不忘。我们若懂得此番道理，各自潜心修行，没有吃与不吃之分，若可如如地喝着疙瘩汤，可将疙瘩悄悄融于口中而自然而然地滑到肚里，那岂不美哉？将三千大千世界的全宇宙全部放入一小杯水中，也不会因杯子太小而溢出的道理，大家应晓得其中内涵。

十四 · 元晓大师的禅悟

<big>这</big>是元晓大师[16]与其同修义湘大师[17]，在年轻时一同去往中国求道的途中发生的故事。因两位大师几年前，曾选择陆路去中国学法却未能成功，此次准备搭船越洋而去。

为了乘船，元晓大师与义湘大师从新罗的首都庆州出发，步行几昼夜终于来到了现今京畿道附近的西海岸地区。再往前走一段路即可到达埠头，可此时因天色已晚，四周一片黑暗，偏巧又下起了瓢泼大雨，让人无法辨清方向。为了找户人家避雨，环视四周才发现竟是个荒无人烟的偏僻之地。好不容易才找到一个空窝棚的两位大师，为了避雨便决定在此过夜。窝棚里虽到处漏着雨，但因长途跋涉而筋疲力尽的两位大师，很快就进入了梦乡。

也不知过了多久，元晓大师在半夜里因口干舌燥而醒来。外边还在下着雨，窝棚里也是漆黑一片。元晓大师欲寻个破碗之类的东西舀水喝而在地上胡乱摸了一通，手指碰巧触到一个像水瓢似的东西，抓来一摸里面竟还有水。口渴难耐的元晓大师，不假

[16] **元晓大师**(617-686)：兼取从中国引入的佛教各派教义，并加以总结实践。为将当时新罗贵族化的佛教推广于平民大众，献出了毕生的经历。与太宗武烈王之女瑶石公主结缘生下了后来发明吏读文字的薛聪。亲身体验平民百姓的生活，并宣扬不论贫富贵贱皆能成佛的道理，将佛教教义编著成了诸多书籍，其中代表著作有《大乘起信论疏》、《金刚三昧经论》等。

[17] **义湘大师**(625-702)：于公元661年至唐朝研习华严宗经典十余年，回归故土后创立了海东华严宗。奉新罗文武王之命于公元676年修建了浮石寺并在全国修建了十余座华严宗的寺庙，为确立华严的教宗贡献出了力量。著书有《华严一乘法界图》及其它。

思索地一口气喝了下去，水的味道竟是如此清凉可口，喝罢又接着沉沉睡去。

次日清晨，下了一整夜的雨，也停了下来，明亮的阳光透过棚顶的缝隙照了进来。待元晓大师睡醒环顾四周，不禁毛骨悚然、大惊失色。在他们昨夜入寝的周围，到处都是尸体残骸。睡了一整夜安稳觉的窝棚，原来竟是个堆放瘟疫病人的死尸之处。在惊愕之余扫视四周的元晓大师，在自己的左手边发现了一个滚落在地的脑壳。昨夜喝下去的如同甘甜雨露般的水，竟是脑壳里的腐水。脑壳里面还有些剩余的水，蛆和各种虫子在里面蠕动着。见此情景，元晓大师无论如何也忍受不住，一阵阵恶心涌上心头，真可谓翻江倒海，不仅是昨日吃的食物，似乎连肠子也快要吐了出来。

被元晓大师痛苦的呻吟声惊醒的义湘大师，忧心忡忡地问道："大师！大师！出了什么事？要紧不？"

但元晓大师因痛苦难耐，说不出半句话来。过了一会儿，待其稍作镇定，脑中顿时闪过一个念头，这便是一直以来自己所追寻的答案。

"昨夜里喝的水如此甘甜可口，但一见是腐水却让人作呕。水乃同样的水，又是肮脏、又是干净的我的分别心竟使我如此不同。其实一切均是我心之作用，撇开心灵又有何所求？"

元晓大师看着满心焦虑地望着自己的义湘大师问道："我们为何要去大唐学法呢？"

"那自然是为寻求成佛之道。"

"大师，成佛之道不在远方，而就在我心田。我要回新罗去。大唐有的真理，岂有不在新罗之理？"

元晓大师在返回新罗后，将自己的禅悟施教于众百姓，为普渡众生献出了毕生的精力。

❧❧❧❧❧

元晓大师所悟出的是在我们心中，在永不停息地微妙运转着的此心中，蕴含着所有世上运作的道理。并且还醒悟到真理就在其中。

如若大家也想寻求真理，请仔细探视自己的内心世界。万法可以出自我的内心，万法也可在我心中重新归一。如此不断泛起、平息的心之作用，既会把我变成一万个不同的人，也可使这一万个不同的人成为一人。

因而，请大家将心当作话头静静地观察。可豁然瞧见我心。还会了解到我心究竟为何所缚，又因何变得自由；我心在何时，何等的富有与贫穷。如此不断地将心当作话头而前行，便会发现从世间所有获得真正解脱之法也终归源于我心。因为不论大小，都会随其同样响应的如如之心，真正的自由人之心，即佛陀之心亦居于此。

十五
·
聪明的老板

有一个小公司的老板，不仅懂得经营之道，而且用人有方，因而得以克服公司里大大小小的困难。但不知从何时起，在公司仓库里保管着的一些物品，居然平白无故地不知去向。虽丢失的物品数量不多，但因从未发生过类似事件，故无法忽视。因此，老板开始小心留意起来。一天夜里，他看到自己平日里最疼爱的两个员工从仓库里往外搬东西。

老板没想到他们竟是如此背信弃义之徒，不禁怒上心头。但老板仔细想了想，到现在为止拿走的物品也不是很多，以他们平时的为人，做出这种事情想必有什么苦衷。再加上有段时间公司不景气，好几个月发不出薪水，他们家境虽都不是很宽裕，却毫无怨言地与公司同甘共苦。对此事一直心存感激的老板，决定再给他们一次机会。他觉得这样做对公司有好处，也是可救助他们的方法。

第二天，老板便将那两个员工叫到办公室里来。

"最近，我们仓库里的东西总是莫名其妙地少几件。在咱们公司里，我最信任的就是你们两个。现在我把钥匙交给你们，从今往后由你们俩来负责管理仓库。"

老板说完，便把仓库钥匙递给了他们。

事至如此，两人非常惊慌。尽管最近因手头紧，才偷了仓库里的东西，可一直良心不安，现今心中更是十分羞愧。为了报答老板对他们的信赖，打那以后，他们把自己当成公司的主人，把公司当成自己的家，每日勤勤恳恳、兢兢业业。

倘若在此等情况下，老板不去想如何处理才可有利于众人的念头，而只是觉得员工的行径可恶，对他们施与惩罚，那公司又会变成什么样子呢？说不定因使可将老板和员工连接在一起的信任坍塌，或许会对原本协调运作的公司带来不小的冲击。而员工们也许不但不能认识到自己的错误，还有可能对老板怀恨在心，寻找机会加以报复。若如此冤冤相报，就难以从恶缘的束缚中解脱出来。

因此，我们的每一个念头委实都很重要。这位老板似乎是稍懂这番道理之人。因他知晓心作用于体的道理，没有对体做罚，而是想出了使心得以回归的办法。老板在不知不觉间，将所有委托给了与一切相连的自己的根本心。如此信任自己的根本而行事之人，会机智地解决每一件事情。

在这世上，无论是谁，都不可能战胜完完全全相信自己根本的人。对自己根本心的信任，还可点亮对方的心灵灯火，使其悔过自新、重新做人。就像这位老板把仓库钥匙交给员工一样，我们也应如此地将一切委托给根本。若把事托付与人，就该让其全权处理，这样做事的人才会产生激情及责任心来做好工作不是？若只是嘴上说要把事情让人全权负责而又满腹疑虑，将钥匙交出去又想拿回来，那结果会怎样？做事的人会想："既然对我如此不信任，为何不自己去做！"而向后退缩，那工作自然不可能做得完美？

如若知晓自己的根本心、主人空是所有事情的真正终结者，就应该对其信任到底。请将日常生活中遇到的所有事情全部交与根本，并做到信任到底。真正相信根本的人不会惊慌失措。请大家不要忘记：我们的根本心是可以包容全世界及全宇宙的**摩尼珠**[18]。

---

[18] **摩尼珠**：在佛教中是指出自海龙王头上的宝珠。可以驱恶避祸，还可澄清浊水。因乃龙之珠子，如得此珠，有一切净妙愿望均得以实现之说，故也称之为如意珠。

十六 · 吊在悬崖边儿上的汉子

有一男子在登山途中迷了路。虽山势陡峭，但他毕竟不是头一次上山，而且时不时地也能碰到几个路人，便毫不在意地继续朝前走着，一不留神发现自己脚底下走的竟不是登山路。因这种事还是初次遇到，男子惊慌失措地拨开树丛到处摸索，却越来越走向山林深处。他大声呼救，但得到的回复只是一片寂静。不知自己所在何处，辨不清方向而不晓得应往哪里去的男子，心里不禁有些害怕起来。

偏偏这时又雪上加霜，刚刚还好好儿的天儿霎时变得阴沉沉的，还起了漫天大雾。因不知如何是好而在其稍微犹豫的片刻，大雾便遮挡住了他眼前的视线，连前面的树枝也瞧不见。这一切均发生于瞬息之间。这位男子挥舞着胳膊，拨开树丛的树枝向前艰难地移动着脚步。他被树枝剐得伤痕累累，还摔了跟头，可这些已不成问题。也不知走出多远，从哪儿传来了溪水流动的声音。侧耳倾听的男子，朝流水方向快步走去。耳边的流水声变得越来越清晰，因"这下可有救了，看情景往前走几步就要到了"的想法变得愈加焦急的男子，错过了山间小路也浑然不知，只管往前奔去。

但就在觉得马上就要到了的瞬间，身体径直坠了下去。男子情急中一边惊叫一边出于本能地伸出双手抓住了什么东西。待他回过神来，发现自己双手正抓着悬崖边垂下来的藤条吊在上边。男子恐怕自己会掉下去，抓住藤条的双臂不自觉地更加用力。虽渐觉体力不支，但不管怎么说也是险死还生，不能就此松手。男子便抱着最后一线希望，使出余下的全身力气大声喊道："救……救命啊! 有人吗?"

就在此时，有人在上面问道："那里发生什么事了吗?"是位上了年纪的女子的声音。

"求求你，救救我。我在山上迷了路，一不小心跌下悬崖。好不容易才吊在这里，快支撑不住了。虽不知贵人尊姓大名，只要您肯救我一命，我一定会知恩图报，永世不忘。"

而与使出吃奶的力气吊在上面哭喊着的男子相比，那位女子却以极为平和而缓慢的声音道来。

"我是山上庙里的老尼姑，凭我的力气，恐怕帮不了施主。我看你不必费力，只要松手即可。再说下面也没什么凶险，也不是很高，马上就是地面。"

这个男子难以相信自己的耳朵。尽管他将自己所处的情形全部说了出来，可这位出家人不肯出手相救不说，反而让自己松手。

"你说什么? 你让我松手，下面溪水流动的声音，你难道听不见吗? 你想让我寻死吗? 我若跌入溪谷，肯定会摔得粉身碎骨。"

这个男子拼命地抓着藤条喊了起来。

"大师，行行好，救救我! 这样下去，我非摔死不可。"

尽管如此，出家人却对男子的恳求无动于衷，心平气和地道来。

"我是为了救你才说出此番话来。你就松手吧，不会有事的。如此拼命地吊在上面，也只是白费力气，还是放心地松手吧。若弄得筋疲力尽，只会伤了身子，不是吗? 为救济众生而出家修行的尼姑，难道还会为了害你性命说出这些话不成?"

男子因大师的这番劝说，便稍微鼓起勇气往下面飞快地瞥了一眼。只见大雾还未散去，仍不见山底，不过因大师方才的那番话，心中的恐惧顿时消除了许多。

"松手真的不会有事？是双臂没了力气掉下去还是自己松手掉下去，反正横竖都是一死。既然如此，倒不如干脆信了这位大师的话。"

其实再也支撑不下去的男子，闭上双眼把心一横，果断地松开了抓住藤条的双手。

虽鼓足了勇气松了手，但因对死亡的恐惧还未散去，男子在松手的同时，不自觉地"啊"的一声发出了惊叫。但没想到叫声还没结束，双脚却已落地。原来男子在离地面不及一丈远之处，为了吊在上面而拼命挣扎。在感受到自己已安全之余，只觉为了活命而死死抓住藤条不放的自己，实在令人可笑，男子竟情不自禁地哈哈大笑起来。

❦ ❦ ❦ ❦ ❦

　　男子紧紧抓住不放的并不是单纯的藤条。因而，放手的也不仅仅是藤条。虽可认作是对死亡本身的一种恐惧，倘若是一生追求荣华富贵之人，那既可能是对财富与名誉的不舍与执著，也可能是对留在世间家人的一种眷恋。因此，所谓"放下"，岂不需要莫大的勇气与决断？

　　其实，放下前行，并不是如此简单的问题。尤其是与家人、子女、自尊心相关联的事情，可能更是如此。"放下"有多么艰难，才会有另行研习功课或修行之说呢？

　　但有趣的是，我们在日常生活中很自然地在不断放下每一瞬间而继续向前。在向前迈步时，将一只脚抬起，另一只脚是如何支撑自己身体的，然后又是如何抬起的，而在呼出一口气后，下一口气是如何吸进来的，对这些，我们不会有丝毫的顾虑而是自然而然地做到的。我们之所以可以做到如此的理由十分简单，是因为对自己做到这些不会有丝毫的疑心，就连我们身上的每一个细胞，都不会对此事实有丝毫的疑心而彻彻底底地信赖之故。因此，请连"放下前行"的想法本身也干脆不要去想！只需相信有可以很自然而完美地解决一切的我、我根本的存在。请完完全全地去信赖！请至不必意识"自己现今所信任的是什么"的程度地去习以为常地信任！那这一生必定更加绚丽多彩！

十七・蜈蚣的路姿

有一天，一只蜈蚣在匆匆忙忙地赶路，见此情景的狐狸拦住其去路问道。

"蜈蚣，你有这么多条腿，怎么也不被绊倒，走得还挺稳当的? 我觉得好神奇。数十条腿向前迈而又往后挪，也没见交叉在一起，且能自由自在地行走。"

听了狐狸所言，"啊! 果真如此!"蜈蚣心想，便也新奇地往下瞧了瞧自己的腿。而从此蜈蚣所有的腿都相互交叉在一起，并且寸步难行。

🌰🌰🌰🌰🌰

不论是心灵修行还是居家过日子，都如同蜈蚣走路。就看现今，我们每天自然而然地做到的事情，其实数不胜数。如渴了喝水、饿了吃东西、吃了饭就会消化排泄、困了就知睡觉等等。

原本一切均源于自己的根本。因此，应将万事全权交与根本而行。那心中就不会有所顾忌。若交还于出处，那所有的一切就会自动巡回运转。请相信自己与生俱来的能力! 若相信自己的根本并将一切托付，该吸收的就会被吸收，该排出来的也就自然会排出来。与吃了拉没有丝毫分别。可因不相信这番道理而徒然挑起的思绪，反而会成为绊脚石，使你不能向前迈步。

十八 · 弟子的觉悟

从前某个寺庙里，有一位受众人敬仰的高僧。因而，欲在其门下修行的僧人云集，来供佛的香客如流，弄得寺庙里每日都像喧闹的集市般热闹无比。本以为可在寺庙里静心打坐修行而入寺的和尚们，别说是坐禅，就连喘口气的工夫也没有。

有一弟子觉得实在难以忍受，便对高僧说道："师父，因庙里喧嚷无比，弟子无法静心修行。因此，想独自一人去山中挖个窑洞来修行。"

师父凝视着徒弟的双眼，并用低沉的口吻说道："是吗？若你心意已决，可随你意。只不过途中不可脚踏人家的土地；渴了也不得饮用他人之水；营建房舍也不可砍非你所植之木；饿了也不可拿别人种的粮食来烧饭；做衣裳也不要用人家织出来的布。倘若可做到这些，便随你所愿。"

坐着静静地听完高僧这一席话的弟子，顿时张口结舌、说不出半句话来。因为是无论如何都做不到的事情。但待其重新仔细琢磨，师父的字字句句其实都是在提点世间运作的道理。

"若没有万物万生的协助，什么事也无法成就！所有的一切均互相依存、共同作用而存于世，岂有一人可独自修行之理？"

弟子在悟出此番道理的瞬间，不由得感慨万分。

从此以后，这个弟子不管面对何人、何事，都没有将其与己一分为二地看待，总是将心比心、视其貌为吾相、视其痛为己痛。如此这般与万物万生一同修行、奋力精进的弟子，后来大彻大悟、修成正果，而得以救济众生。

并非只有深山中的窑洞才是窑洞。我们自己本身就是一个窑洞。因此，释迦牟尼佛祖曾有过这番教诲："应摆脱窑洞。摆脱了所谓"自己"的这个窑洞，才能从所有的境界中脱身。"不必去远方寻觅可以修行的窑洞。应知晓自己的身体、自己的意念，还有我们活着的"现今"、"此处"就是窑洞。

在我们经过数亿劫从微生物进化到人类的期间里，又有什么不曾成为？就因如此，怎可称何种生物是低级的而加以蔑视，何种生物乃高级而认为其高贵呢？世上万物虽均千差万别，其外形不同、内心也不一样，但却一起共生、共心、共用、共体、共食，一同和谐运转。因此，我们在生活中不论遇到什么对象、多大的困难，都不要将其与己不二地看待，应将一切托付给自己的根本。那么，因一切会自动地回归于一心，故可自由自在地前行。修行的场所、时间、方法，也并非另行存在。在日常生活中，这般做而行就是修行。

十九 · 三粒小米

很久很久以前，有个和尚途经一村庄时，在村口看到一大片快要收成的粟田。望着黄灿灿的谷子，和尚情不自禁地用手捻了三粒小米放到了嘴里。虽是无意间闯下的祸端，可和尚在来世却为此付出了沉重的代价。

事后过了十余载，和尚在死后不久，转世投胎为那片粟田主人的牛。而后，生为牛的和尚不得不在那个主人家里辛苦地劳作了三年。因主人为人宽厚、和善，并没有因牛是牲畜而加以虐待或随便使唤。但因其前世还为人身，未曾似牛般地耕作过，只是不会讲话而已，脑中同样具有人的意识，所忍受的痛苦真可谓是一言难尽，难以用世上的言语所表述。

终于挨过了备受煎熬的三个春秋，到了终其牛生之时。临死之前得以开口讲话的牛，将自己此生为何投胎为牛的前前后后，一五一十地向主人道来。为了报答主人的恩情，还将村庄即将遭受的劫难及其化解之法，也一并告诉了主人。

"后日傍晚时分，五百名盗马贼将会洗劫村庄。因此，请备好可招待五百名客人的酒席等候。这样，可免除这场灾祸。"

见牛讲话已觉神奇，加上还预言了要遭遇的灾难，主人只觉此事非同小可。于是，与村里人商议后，决定一同备好五百人的宴席等候。

果不其然，未及两日便有五百名盗马贼来袭。他们个个挥舞着手中的大刀，大声嚎叫着，赶着马匹践踏了村口的所有庄稼，蛮横暴戾地闯进了村寨。但村里的百姓们却没有魂飞魄散地四处逃命，而且还按人数备好了酒席，并聚在一起镇定地等候他们。见如此奇怪的情景，感到其中可能有诈而觉得十分蹊跷的马贼首领，便以威胁的口吻向村里的人们问道："你们怎知我们今夜要来？若事先晓得我们会来，应该急着逃命或是准备与我们打架才是，如此备好酒席等候必定有可疑之处。到底是何居心？"

村里的人们向马贼首领讲述了有关那头牛的故事。起初对此表示难以置信的马贼们，虽以砍头相要挟，但见村里的老老少少、上上下下皆异口同声，不得不信。首领不知不觉地陷入了沉思，不得不对自己过去所犯下的种种罪行进行反思。

"若此言不假，仅因偷吃了三粒小米，和尚就得投胎为牛，那与此不可同日而语地犯下无数罪行的我们，那死后又将如何？"

过去所犯下的种种罪行，像走马灯似地在其脑海中闪过。偷盗、抢劫，可谓数不胜数，纵然是杀人放火，也未曾眨过一下眼睛，马贼首领渐渐地从其内心深处意识到了自己的所作所为是多么大的罪行，给别人带去的是多么大的痛苦与伤害。他的双眼禁不住涌出了忏悔的泪水。

马贼首领从此命令手下不许再做伤天害理之事。因至今都是生死与共的兄弟，无法不顾兄弟情谊而自己走向正途的马贼首领，再三叮嘱手下，以后应如何过活、如何重返人间正道。结果，后来五百名盗马贼大彻大悟、皈依佛门。据说，他们就是后来的五百罗汉。

🌰🌰🌰🌰🌰

　　人们听了偷吃三粒小米的和尚投胎为牛的故事，都以为这必定是佛教中人为了教导我们众生所想出来的方便小故事而已。这即便是为了教导众生而想出来的方便，但应知晓这也是现实中正在发生着的事情。

　　世上任何事都不会平白无故地发生。就像这则故事中，连不能算作偷的三粒小米都可使和尚投胎为牛，而罪恶滔天的五百名盗马贼因牛的故事得以痛改前非、悔过自新，修成正果成为**阿罗汉**[19]。世间所有好似各不相干，其实皆连为一体而共同运转。

---

[19] **阿罗汉**：是指佛教中已修得正果，断尽一切烦恼而不再在生死世界中轮回，进入涅磐的修行者。至修行最高境界的存在，也称罗汉。

二十 · 同梦不同境

某村邻里住着一对友人。因他们在同一个村里出生、长大，自幼形影不离、情同手足。

有一日，其中一个友人做了个梦。此梦虽算不上怪异，却总是浮于眼前、挥之不去，友人心想也许梦中所见之物确有所指。于是，便与住在邻里的友人一同来到村庄附近的一座寺庙里，忧心忡忡地向那里的和尚询问。

"师父，在下昨晚梦中得一竹篓。但梦境好似真的一般，不知究竟是何蕴意？不会是什么不祥之兆吧？"

听了此话的和尚笑道："你今日将受邀赴宴，大饱口福。恭喜恭喜！还有不管下次做了什么梦，也不必往坏处想。因一切均在于人之用心，故若心正，看似不祥的噩梦也会变为好梦。"

而在一旁听着和尚所言的友人，却徒然升起嫉妒之心。"他可以受到如此款待，我为何不能受此礼遇？"越想越是生气。那天晚上，因梦见竹篓的那个友人如同和尚所言受到了邻村一富翁的邀请，邻里的友人也一道受到了主人的盛情款待。可他那无谓的嫉妒心一旦被激起一时却无法消除。结果，整个晚上翻来覆去、左思右想的这个男子，等天一亮，便到庙里来寻那位和尚。

"师父，奇怪的是昨夜我也碰巧做了与友人一样的梦。不知是何蕴意？"

和尚听后扫了他一眼，悄声说道："我说你这个人可要小心，此乃出门遭打之梦。"

虽是同样的竹篓之梦，和尚却做了另一番解释。这个男子有些丧气，嘟嘟囔囔地回到家中。而且就在那天晚上，此人真的被村里人痛打了一顿。原来此前这个男子曾在背后说过人家的闲话，没想到传闻一传十、十传百地传遍了整个村子，惹怒了村里人而遭来了横祸。

也不知挨了多少打，这个男子一连三日卧床不起。在此期间，这个男子只觉因一件微不足道的小事而遭到一顿毒打实在委屈，而自己并未做梦却如同和尚所言挨了打，也着实让人感到奇怪。因其心里实在想不通，无法静心养伤。到了第四天，便拖着还未完全恢复的身子来找那位和尚。

"师父，几天前在下曾言与友人做了同样的梦不是？其实，在下并未做过此梦。可又为何真的遭了打呢？"

谁知和尚听罢，大发雷霆。

"你呀！可晓得你那莫须有的谎言也是梦？你因心怀嫉妒与奸诈，编织出了不可理喻之梦，还想从中有所求，岂不自作自受？"

その実、在梦中真的得到竹篓与否并不重要。重要的是那个人的心境。哪里有真梦与假梦之分，又哪里有好梦与噩梦之别？我们现今生活的世界实乃物质世界与精神世界一同运转的世界，而大家只顾追求物质上的需求，才会说出这样的话来。因人们不了解各自发出的一个个心，可使多少世事变迁，方会道出那样的言语。

我们应晓得并非在睡眠中出现的梦境才是梦，也并不存有美梦与噩梦之定论。大家在生活中由心中发出的一切均会成为梦。譬如，若遇到一个因病痛或灾害饱受疾苦之人，不要视若无睹，请试着在心中凝念："怎样才能帮助此人摆脱煎熬。"这便会成为有利于人的好梦，这样的美梦不断地做下去，便会以好的结果相连。相反，若充满了加害于人、满足自己私欲的心思，仅仅以这种念头面对生活，那这些就会变为噩梦，并像恶鬼般地跟随你左右。最终，发出此般念头之人也会变为恶鬼般的存在。因此，大家是否明白发出一个好的念头是何等的重要？

即便大家睡觉时做了所谓的噩梦，也不必想其定是什么不祥之兆，担心会有什么事情发生在自己身上。如若真的这般想象，那我们身上所有的意识都将追随我们的所思所念，又怎能担保平安无事？

二十一 · 混球儿子

从前，有位老人膝下育有一子。可这唯一的一个子嗣，因其专横跋扈、无恶不作，令老人伤心不已，其心境真可谓一言难尽。老人的儿子不仅会在酒醉后把村里闹个鸡犬不宁，而且只要是自己想霸占的东西，就会不择手段地占为己有，做尽了伤天害理之事。因儿子臭名昭著，以至老人在村里抬不起头来。就这样，三天两头闯下祸端的儿子，一日竟将自家的地契拿到赌场作抵押，一夜间将钱挥霍光后回到家中。

得以知情的老人，不禁怒火冲天、破口大骂。

"你这不得好死的家伙！还不快给我滚出去，以后休想再进这个家门！该死的混球！"

没过多久，儿子染上了伤寒而客死他乡。因儿子恶劣的行径，在气头上方说出那番恶毒的话来，可待儿子真的死去，老人悲痛摧心、后悔莫及。

对骤然间失去家园与儿子的老人，村里人觉得其处境实在可怜，为其搭了一间虽很简陋，也可居家过日子的小茅屋。可老人的丧子之痛却与日俱增，也不知从何时起，好似在等待死去的儿子归来般，一直坐在屋前，眼神迷惘地望着远处的山峦。老人的眼里总是噙满着泪水。

一日，路过此地的一位禅师，见到郁积了满腔悲痛坐在那里的老人。禅师不禁升起恻隐之心，无法置若罔闻，便欲为其解除压抑于心头的痛苦。禅师走到老人跟前，向其讲述了与儿子结下的交错因缘。

"这个世界运转的道理是不打折扣的，都是自食其果。老人家在前世因好赌不仅弄得倾家荡产，还将自己的媳妇也给卖掉。因无法忍受老人家做尽坏事，老人家的父亲郁愤成疾而死。

如此死去的父亲今生便投胎成了老人家的儿子。若老人家稍加忍耐，儿子便可悔过自新，实在令人惋惜。但如今即便在这里终日以泪洗面，对死去的儿子还是老人家均毫无益处。若老人家真是爱子心切，确实想从痛苦中解脱出来，应将所有的悔恨、愤怒及悲伤交与根本处。将心中泛起的万般思绪和情感不断地放于其中，直至心中毫无波澜而变得平静如水。此法虽不易，可也无他法。

因我们的根本本来清净，不论是因何恶缘所遭受的痛苦及苦难，都会净化为善缘。此外，因世间万物万生之根本都相互交错相连。若老人家能把一切放下，那遮掩儿子内心的阴影也自然会随之散去。从过往至现今，因彼此间交错的因缘所经历的种种；一生作恶多端、客死他乡的儿子因担负业障而所承受的痛苦；所有的这一切均会被消融而随之消散。"

说完此番话的禅师，祈愿老人家的儿子极乐往生后便离去了。

世上没有什么是固定不变的。即便过去我的言行成为业障，令本人及周围的人痛苦不堪，但随现今我如何去想、去改变，情况也会在瞬间发生变化。即使家庭成员中有一人犯下了追悔莫及的大错。首先要做的就是无条件地将一切交与根本处。因不论是儿子的心、丈夫的心，还是母亲的心，都可通过根本心不二地连在一起，故应坚守根本心会解决一切的信念，并将所有以信任托付。

譬如，见离家出走的孩子归来，不要急于教训，用温和地语气问一声："你出门在外有没有东西吃？睡觉的地方有没有不方便？"并用温暖的心去拥抱他。起初，也许孩子的态度没有什么变化，看上去似乎依然冷冰冰的，可对此不要失望，请以充满耐心、宽怀大度的胸襟去包容他。这样，孩子的心就会融入我心，并归为一心而相通，孩子自然就不会误入歧途。因一家人心心相聚成为一心，全家人便可和睦相处、其乐融融，福也自然会临门。

二十二 · 禅师之旅

那是一个寒冷的冬日，一位禅师行至半山腰。不知从哪儿传来一女子悲凉的哭泣声，禅师寻声走近一看，见一位妇人坐在冰冷的地上抱着死去的孩子在呜咽。天气严寒无比，而妇人仅穿着一件破旧不堪的单薄衣裳，死去的孩子身上也只裹着单层褴褛。

周围冻土上有用手挖过的痕迹，也许是地面冻得太硬不易挖掘，妇人的手皮开肉绽正在血流不止。她一边哭泣一边哀叹着。

"儿呀，你爹死后只留下你这么一个遗腹子，我与你相依为命至今日，这下你也走了，可叫我怎么活下去呀？还不如让为娘也跟你一块儿去见你爹啊……"

见此情景的禅师，甚觉惋惜，恻隐之心油然而生，着实无法视若无睹。禅师心里寻思着该如何相助于这位女子，便走到妇人跟前。但待仔细察看死去的孩子，禅师发现孩子命不该绝却已归西。于是，禅师向妇人问道："夫人，可否告知老衲，这究竟是怎么一回事？"

"这孩子是俺家九代独子，也不知得了什么稀罕病，就这样突然一命归西了。"

妇人说完又伤心地抽泣起来。禅师小心翼翼地向妇人讲道："施主，这会儿暂且仔细听我道来。贵公子还未至死期。若立马去阴间将其魂魄追回，可能还会有救。只是在老衲往返期间，夫人一定要点亮心中烛火。只有夫人点亮的心中烛火，方可守住母子间的至深因缘。若烛火熄灭，将无法救助公子。"

因孩子已断气多时，禅师不敢耽搁，听罢孩子的姓名便在原地打起坐来。接下来的瞬间，便进入了**三昧**[20]。虽身躯在此，但灵魂径直来到了阴间。

禅师最先到达的是幻象天。在人死后，只有越过幻象天才可去往下一个该去之处，而在幻象天未能越过此处的诸多阴魂，只是不知所措地、无奈地左右徘徊。禅师向那些阴魂道出以下这番话来。

"那边可怕的妖魔鬼怪及那些堆成一团的毒蛇，皆是幻象而已。而且就连你们现在的身躯也都是幻象。这是因在你们的意识里认为这些都是实际存在的，才会看到此般幻境。只要向前踏步即可。那一切将会消失。"

禅师引领这些阴魂刚越过幻象天，便出现了不死天。越过幻象天的阴魂通过不死天到达生死天才能定下来世，可阴魂们都称不死天的火太烫发出惨叫而不敢朝前迈步。要想找回阳寿未尽的灵魂应由此到无命天去寻，但看到这些无所适从的阴魂又不能撒手不管。于是，禅师又对他们讲道："那火也是因你们意识中存有会被烧死的念头而存在，实际上什么也没有。"

听了此言的阴魂们跟随禅师一起进入，火焰随即消失，阴魂们也踏上了各自的行程。

---

[20] **三昧**：是梵文samàdhi的音译。谓摒除杂念、心不散乱、专注一境。与禅定同义。

与此同时，禅师因急于找回孩子的魂魄，为了以防万一，便向掌管不死天的主管打听孩子的下落。

"老衲正在寻觅一个本命不该绝的孩子魂魄。"

那个主管查看了一下名簿，没有见到孩子的名字。

"这里没有其姓名，可见死于非命。大师可往无命天一寻。"

禅师到达无命天之时，死于非命的阴魂充斥着那里。禅师直接向那里的主管要了孩子的魂魄，便急忙赶回了阳间。

而此时，在等待禅师从阴间返回的妇人，已身心交瘁，马上就要支撑不住，心中的烛火也似灭非灭。禅师将从阴间寻回来的魂魄放进孩子的身躯之中，孩子这才好不容易起死回生。见本以为归西的儿子睁开双眼，妇人抑制不住欣喜，激动地抱起孩子号啕大哭起来。禅师合上双掌后，背离喜极而泣的母子，又重新上路了。

🐚🐚🐚🐚🐚

因生活在物质世界里，人们的意识已被物质观念所浸透，心灵难以从中摆脱出来。但心本无体，不受任何羁绊，可超越时空、自由自在地穿梭于大千世界。尽管如此，因在生活中形成的固有观念久而久之形成了一种习惯，故在人死后也会束缚于其中。这样生前的意识在死后也难以消失，所谓人的意识就是如此坚韧而可怕。至少在我们死后，为踏上各自的旅程，即便心中泛起分别心，也应懂得放下前行。

但我们在生活中往往会为自己的固有观念所困，放不下微不足道的小事而易动肝火、暗自神伤。可有时也敢于放下种种艰难困苦而大刀阔斧地朝前迈进。这是因我们不由自主地摒除了自己的固有观念，并且把一切交与根本之故。

不论是琐碎的小事还是事关重大的大事，均请不要分别，统统放于根本心。若能如此，不只是自己，也可救助与我们有缘的**四生**[21]。愿大家均能成为可救助千差万别心灵之人。

---

[21] **四生**：是指所有众生按其出生方式的不同分成的四种类别。1.胎生：从母胎而生，如人及兽类；2.卵生：从卵壳而生，如禽类；3.湿生(因缘生)：从湿气而生，如孑孓、虫子等；4.化生：借过去的业力而生，如天人及地狱道众生。

一手握天地，

将其作斗笠，

日月挂锡杖，

足踏青山一步，

整个苍山片片皆为一体！

二十三 · 花树救主

古时候，有个男子不知从哪里弄来一棵小花树种在了自家的庭院里。起初看上去并不起眼的小树苗，经主人的精心栽培，几年后居然长成了一棵合抱粗的大树。

可是有一日，这棵花树竟出现在主人梦中对其说道："不消几日将降临一场大灾难，请主人速寻避难之所，离开此地。"

主人觉得只是做了个怪梦，并没有将其当回事儿。

但在自此之后的第三日，豢养的家畜竟在夜里跃出了畜栏而不知去向。主人边命仆人去寻找家畜，边为抚慰受惊的家人而忙叨了一整日。主人只觉这是个不祥之兆，搞不好会弄得倾家荡产，虽忧心忡忡，却仍未觉察到事态的严重性。

那天夜里，筋疲力尽的主人很快就进入了梦乡，那棵花树再次出现在主人的梦中并再三叮嘱。

"说不定火山马上就会爆发，请主人务必迅速离去。"

从睡梦中惊醒而坐起的主人，这才感到事态严重。他将火山有可能即将爆发的消息告知了邻里，自己也偕同家眷打点行囊来到了附近的一座高山上躲避。到了那里，新奇的是原以为丢失了的家畜也均聚集于此。没过多久，随着天悬地动、震耳欲聋的轰鸣声，远处的火山爆发了。

打那以后过了一些时日，火山灰均已落到了地面，四处也恢复了平静，主人便带领家人及家畜回到了原先居住的村里。在邻近村庄之处，放眼望去，整个村子早已失去了昔日之貌，一片凄凉景象尽入眼底。根本分不清何处是何地，以至无法辨认此地原本有什么的地步，四处均被厚厚的火山灰所覆盖着。

CRCC

连好似一无所知的植物，自台风来临的前一年起就会将根深扎于大地。可五官俱全，数亿劫来没有一处不曾经历过的我们人类，岂能连这些植物都不如？相对于动植物具有更多能力的我们人类，之所以无法看穿迫在眉睫的灾难，是因为我们无法正视自己来到此世间以前的根本，即我们的根本心，而只能看到眼中所见之物。请信赖我的根本，"真我"！这样就会看到真理，获得智慧。我们与生俱来的能力也可自由自在地得以运用。请信任"真我"！只有自己根本之真我，才能引领我迈向成为自由人之路。

二十四·多宝塔与释迦塔

若来到庆州佛国寺，便可见到坐落在寺院里的两座姿态不同凡响的石塔。至今在石塔的周围仍弥漫着浓郁而平和的气息。若了解这两座塔被建成的缘由，则可知晓这种气韵从何而来。

距今一千三百余年前，成为新罗宰相的金大城在重建佛国寺时，立志在寺院里建造两座能将佛祖教诲融于其中的石塔。为此不仅需要技艺超群的石匠，而且造塔之人还要有与此相偕的坚定信念，但四处寻访也未能觅到此等石匠。

金大城坚信自己的一片赤忱定会感动上苍而助己完成大志。金大城从黎明至夜晚，虔心祷告百日，未有过一日间断。不仅为自己的双亲，也为众百姓、万物万生皆可成佛而实现天下太平、和谐而祈愿，真可谓付出了精诚努力。

如此虔诚进香至百日，好似释迦牟尼佛祖般的人物出现在金大城的梦中，对其如此道来："你可去原百济国土寻一个叫阿斯达的人来。"

金大城只带领几名随从，径直踏上了去往原百济领土西部地区之路。他并不确切知晓阿斯达住在何地，仅凭去了定能寻到此人的信念，不顾一切地上路了。到达原百济国土之后，他便逢人就打听是否认识一个叫阿斯达的石匠，但每次都是徒劳无获。就这样，金大城为寻找阿斯达辗转数月的某一天，是在抵达一个山谷之后，将疲倦的身躯靠在一个树桩上小憩之际。不知从哪里传来了一名年轻女子的声音。

"阿斯达，晚饭已经准备好了。"

在听到"阿斯达"这一名字的瞬间，金大城便知此人就是自己苦苦寻觅的石匠阿斯达。金大城找到了阿斯达，恳请其建造能展现佛祖教诲的美丽的佛塔。阿斯达只觉自己能有机会亲手为像佛国寺这样的宝刹筑塔，不免激动万分。

而阿斯达对金大城的提议却未能欣然应允。当时他与师父，如同生父的阿斯女的父亲一同生活，但因岳父大人年迈而不适长途跋涉。即便如此，将岳丈一人留于家中，只是夫妇二人离开也是万不能行的。不然，只有阿斯达自己去徐罗伐（庆州的别称），这样阿斯女又得独自在家中侍奉父亲，因而阿斯达左右为难，不知如何是好。阿斯达舍不得爱妻阿斯女，不愿抛下她一个人上路。

那天夜里，阿斯达向阿斯女转达了金大城的一席话。阿斯达连自己要去很远的地方，而且筑塔需要相当长的时间，也小心翼翼地道了出来。阿斯女得知丈夫要去为国做事，激动得几乎要跳了起来，但见阿斯达神情黯淡，便马上猜到了丈夫的心事。尽管阿斯女也不愿与阿斯达分离一时半刻，可因心中明白丈夫委实很想去筑塔，便婉言相劝。

"阿斯达，不必过于担心。父亲我自会悉心照顾。虽君会辛劳，但君所建造的可是流传生生世世、向世人传达佛祖教诲的宝塔不是？不要因我们一时的分离之痛而错过了可为万人积下功德的宝贵机会。这可是君一生的梦想。等宝塔建成，我们终会有重逢之日。"

阿斯达终于下定决心去徐罗伐筑塔。阿斯达与阿斯女哭了许久，约定后会有期。

来到徐罗伐后的阿斯达，终日一心一意地打磨石块。对阿斯女的思念愈深，在敲下的每一锤中倾注的情感也就愈深。在反复回味阿斯女的嘱托，要修建可成为万人功德的佛塔的同时，为建造能展现佛祖教诲的宝塔而真诚地观[22]之。将自己与阿斯女真挚的爱，升华为对万人的慈爱与慈悲。私欲的所有痕迹被消融得无影无踪，只凭着愿永恒的佛，通过宝塔可释放出无尽光辉的这一实实在在的信念，立下了多宝塔与释迦塔。

在建多宝塔时，阿斯达心怀广施天下的四个心愿，欲为众人指引一条光明的人生之路。多宝塔的四根柱子极其巧妙的搭建在一起，是为了表明世上一切运转的道理没有丝毫的偏差，四根柱子各代表着乐于对生活疾苦的人施善之心，一向以平和的语气及温和的面孔令众人和睦相处的和善之心，以言行及意愿来帮助他人的助人之心，以及迎合对方的境遇与其合二为一的分享之心。在筑释迦塔时，阿斯达在祈愿人们能在生活中把在多宝塔上刻下的四摄心[23]付诸于实践并最终得以大彻大悟的同时，将一块块石

---

[22] 观：是指将在日常生活中所碰到的一切事宜放于根本处后，毫无执着地静观所托付的事情是如何运作的。

[23] 四摄心：一般是指佛与菩萨为唤醒并指引众生所应具备的最基本的四种态度或心境。

头精心打磨后堆砌了起来。因此，就如同在1300年前金大城和阿斯达所观过的那番心境般，多宝塔与释迦塔至今仍拥有本缘的如如风貌。

🌰🌰🌰🌰🌰

若能真正知晓，我们作为人来世上走一遭是何等的不易，便不会虚度光阴、浪费人生。如果人生在世只知追求自身名利，那就等于自行放弃因作为人生于世方可积下大功大德的好机会。因我现今发出的的一个念头，可使我在未来进化为更优秀的人，也可在瞬间披上禽兽的皮囊。像为万生建塔而许下心愿的金大城一样，请以广阔的胸襟为万人许下心愿。并像以至诚而诚恳之心敲下每一锤的阿斯达般，用尽所有的真诚去修行。若能如此，如同时过千年仍旧辉煌灿烂的多宝塔与释迦塔一般，诸位的人生也会更加光彩夺目。

二十五 · 乡下书生与大院君

从前有个乡下书生来到汉阳（现今的首尔）办事，在办事之余欲拜访一下远房亲戚长辈，而此人却是当代重权在握的**大院君**[24]。书生只是想尽晚辈之仪，问候一下这位远房亲戚。但因生活不富足而穿戴寒酸的书生，没有立即被拒之于门外已觉十分庆幸。虽遭到了下人的白眼，可书生心想来趟汉阳实在不易，趁此机会一定要拜过这位长辈，于是忍下一肚子窝囊气在仆人的下房里住了下来，一连等了数日。

终于有一日，书生接到了可以向大院君请安的联络。书生大步流星地走上前趴下来叩了个响头。不过，虽施了礼，可大院君也不知有什么要紧事只是忙着与两个侍者交谈，对行礼的书生却不理不睬。感到难为情的书生便暂时立于一旁，过了一会儿又叩了一个响头。此时，岂料那位大院君突然大发雷霆。

"看看这厮，竟似给死人磕头，连磕了两下。"

原来，所谓大礼：给活人行礼，跪拜一次即可；而给死人行礼，要跪拜两次；若给佛陀、圣人行礼，应跪拜三次。

书生的处境极为尴尬。屋里的其他人也都想瞧一瞧，大院君的远方亲戚，这个看上去并不起眼且显得有些穷困潦倒的书生，是如何被大院君赶出门外的，因而只是用充满好奇的眼神盯着他罢了。但本应战战兢兢地跪在地上求饶的书生，竟毫不畏惧地微

---

[24] **大院君**：是指朝鲜王朝时期，在无嫡孙及其兄弟继承王位之时，在宗亲中继承王位的新王生父的尊号。

微一笑，且神色镇定、义正言辞地解释道："大人，在下只觉大人公务繁忙，便连行了两次礼。先行之礼是拜见之礼，后行之礼乃拜别之礼。不知大人为何动怒？"

书生接着又笑容可掬地说道："在下不便打扰，就此告退，后会有期。"

众人见书生大摇大摆地转身走出房门，一个个只是目瞪口呆地察看着大院君的脸色而已。能使远在天边的空中之鸟应声而落的大院君，如今却等于在众目睽睽之下，被一乡下书生将了一军。大院君好似略微思索了片刻，而后命下人把书生叫了回来。大院君表情极为严肃地向再次入内的书生喝道："你这厮！我明明见你连磕了两下头，你自以为我没瞧见，岂能任由你混水摸鱼！你这放肆无礼的家伙！不过，看你这厮遇事冷静、行事大胆，给你什么差事也会做出个模样来。因而，我就任你做训兵大都督。你应是一个统领众兵的好将才。"

🌰🌰🌰🌰🌰

　　大家是不是也认为此书生威风凛凛、黠慧无比呢?不管我们做什么,只要完完全全、彻彻底底地相信自己的根本,无论在何时、何地,遇到何等困难,都会像这位乡下书生一样,从容不迫、堂堂正正、头脑冷静、充满智慧地做人。顶天立地的大丈夫也并不是另行存在。从我们的外表上看,也许会有男女老少之分,但在心之根本,又岂有男女老少之别?不论是谁,若坚信自己的根本,能将一切交与我的根本处,就可成为运转天下、顶天立地的大丈夫。

二十六 · 只履西归

一天，**达摩大师**[25]在远行途中临近一深山入口处时，偶遇一条蟠在山路上的大蟒蛇。原来这条让人无法挪动的巨型蟒蛇，欲为修炼成人而在此一动不动地修行。达摩大师在一旁静静地观察了半晌，想到在其修行期间若受人干扰，很可能会加害于人，便不得已进入蟒蛇心中，将其移至人迹罕至的山林深处。

不久后，待回归原处，达摩大师发现自己的肉身竟不翼而飞，只见也不知是谁留下的，肚子滚圆、好似贼人、一副凶巴巴模样的躯壳立在原地。若没了肉身，则无法救济众生，达摩大师只好取了这面相凶恶之躯。原本身材颀长、长相英俊的达摩大师，如今被描述为肚子高高隆起、长相滑稽的和尚，也是出自此番缘由。

因是如此可自由自在地变幻显现的达摩大师，当朝君王梁武帝也常向大师求教。有一日，梁武帝问大师："朕为僧人布施了无数衣物与粮食，还建造了众多寺庙。大师可否告知，朕做了这么多的布施，现积下了多少功德？"梁武帝之所以说出这番话来，其实内心是想听听大师的赞誉。可却不料适得其反，只听大师答道：

---

25 **达摩大师[菩提达摩]**(?~534)：中国禅宗的始祖。作为南天竺香至国的三王子，曾随般若多罗学习佛法，于梁武帝年间来到嵩山少林寺面壁参禅九载而至开悟。

"陛下所行之事，还未有一事可谈及功德。"大师所言无疑是给了梁武帝当头一棒。就因此事，达摩大师遭到梁武帝的记恨，结果被赐死。

事后不久，梁武帝的一臣子作为使臣出访印度，在回归途中遇到了达摩大师。大师肩上扛着一根杖，杖上吊着一只芒鞋。这位使臣并不晓得梁武帝赐死大师之事，便热情地上前问安。

"不知近来大师贵体安康与否？现今前往何方？"

"我正向西方行，往本应回归之处。"

从臣子那儿得知此事的梁武帝，无论如何也无法相信臣子所言。

"其死后已葬入了地下，岂可容你胡言？在朕亲眼瞧见之前，是绝对不会轻信的。"

梁武帝立即下令开棺验尸。但大师的尸体竟毫无踪影，只留有一只芒鞋。

🌰🌰🌰🌰🌰

在这篇故事中蕴含了三个道理。第一是有关不二的道理。达摩大师并未将凶恶丑陋的面容、英俊的容貌以及大蟒蛇的模样与自己一分为二地看待。若达摩大师心中存有"我"之念，则不可能进入蟒蛇心中。这是因大师真切地体悟了一切均不二地运转的道理，才有可能发生之事。

第二是有关没有来与去的, 而有来与回的生死之理。梁武帝虽将达摩大师赐死, 而大师却没有死之间隙。只不过是在刹那间转换了形态而离去, 又在瞬间换了个面貌回归而已。当初没有所谓的"我", 自然也没有死后的"我"。达摩大师所说的"来自东方, 归往西处"的这句话, 意味着生死就是如此。大家应知晓生死与上下阶梯并无分别的这一事实。

第三是关于没有我所为的想法而行的道理。达摩大师是想让梁武帝了解, 即便布施, 也要以没有我所为的想法去施, 那布施的自己自不必言, 还可成为救济众百姓的功德。不论做什么事, 只有在没有我所为的想法下的"行", 即没有我所为, 也没有我所不为的"行", 才可积下真正的功德。

在墓地里留下一只芒鞋, 是为了喻示宇宙森罗万象包含于其中的"根本的自己"的存在; 在杖上吊着一只鞋, 是为了表示现存的"我"是根本的显现而用的方便。我们现实生活中的模样与将一只芒鞋吊在杖上行走的样子并无分别。治理国家也是如此。将一只鞋吊于空中, 另一只鞋放于脚下, 才能搞好利国利民的政治。若治国之时, 存有"我"及有"我所为"的想法, 那不仅搞不好政治, 也谈不上任何功德, 这一点我们也应铭记于心。

二十七 · 塞翁失马

古时候，在中国的某个边境居住着一位老人。老人作为附近方圆百里屈指可数的大富豪，拥有一大片良田及数十匹骏马。老人的马匹不仅闻名全国、非常名贵，也是其极为珍贵的财产。而有一日，其中一匹深受老人钟爱的雄马，竟莫名其妙地不知去向。这一消息很快就传遍了整个村庄，因知晓老人平日对这匹马是何等的喜爱，邻里们仿佛是自家丢了马匹般，深感惋惜地纷纷来安慰老人家。但老人却好像毫不在乎，反倒泰然自若地劝慰起安慰他的人来。

"曾经拥有的终将会失去，不是吗? 有失必有得嘛! 烦劳诸位不必为此挂心。"

果不出老人所料，几天后离家出走的雄马回来了，而且还带回了一匹谁都能一眼认出的雌骏马。邻居们又纷纷来道贺说："恭喜恭喜! 本以为丢失了的马匹又带回来此等骏马，真是可喜可贺呀!"

而老人又不动声色地说道："有得必有失嘛。因而，此事并非只是欢喜之事。"

打那以后没多久，老人的儿子为驯服那匹雌马，竟从马背上跌下，遭受了断腿的大事故。因家里只有这么一个娇贵的儿子，见其一条腿不听使唤，家里上上下下都为之难过。可老人却又说道："此事也不见得只是可悲之事。"老人脸上也未表露出特别悲伤之意。

此后，又过了几载，国家发生了一场大战争。村寨里的年轻人都不得不被征兵去打仗，但老人的儿子因腿脚不便被免去了兵役。

如同上述的故事一般，得与失就似硬币的前后两面，总会结伴而行。若能真正地悟出这番道理，就不会有为得而喜、因失而泣之事。故事中的老人因知晓世间万物运作的道理，故不论其得到利益还是遭受损失，均能沉着冷静地去对待。没有因得到意想不到的利益而满心欢喜，也没有因独子失去一条腿儿而沉痛不已。这岂不就是充满智慧的人之面貌？对得与失存有喜与悲之念，也是因存有贪心之故，而此贪心就源于人们往往无法看透得失两面的那份愚蠢。

如若大家不想受困于这份愚蠢之中，欲以清净的心眼与智慧的心灵过上如如的生活，那么请将在生活中发生的所有事情及源于心中的一切情感交与根本心。在此处，将所有交出也不会减少分毫，将一切放入也不会有所显露；既似可容下宇宙般的宽广，也像针尖般的狭小；没有高低之分，也无好坏之别；是可将一切消融之处，也是可将所有交出之所。因而，即使现今并未悟出所有世间运转的道理，若能把一切交与我的根本处而行，就会逐渐发现不为任何状况所左右而行"中道行"的自己。

二十八・婆婆的慈爱

在江原道(韩国)一个小镇的集市里,有位独自抚养一子、以卖豆芽为生的母亲。她虽一贫如洗、生活异常艰辛,没念过几年书也没什么文化,可她秉性正直善良,而且非常勤快。她的儿子也许是因自小跟随这样的母亲长大,在如此窘迫的环境下,却也成长为一名正直优秀的青年。

随着时间的推移,家境也有所好转,但母亲不愿将自己经历的贫困与委屈留给儿子,不论刮风下雨,从未休息过一日,每天到市场里拼着命地去做生意,全心全意地照料儿子的生活。见母亲如此辛劳,心不忍的儿子欲辍学参加工作时,坚信只有有了学识才可摆脱贫穷的母亲,严厉地训斥了儿子,并坚持供儿子读完了大学。

以优异的成绩毕业的儿子,找到了一份待遇丰厚的工作,而后母亲通过周边熟人的介绍,还为儿子办了婚事。新过门的儿媳妇或许是因自幼失去了双亲,待婆婆如生母,而且生性贤惠、品行端正,没什么可挑剔之处。家境也宽裕了许多,加上家里又添了新人,家中比以往任何时候都充满了欢乐与喜气。而这份喜气却很短暂,以为从此可以过上快乐无忧的日子,不料婚后不到半年的儿子被派往中东工作。新家只剩下婆媳二人,两人互相照顾,彼此依赖着,感情也日渐深厚。

儿子寄来的钱足够二人生活且绰绰有余,可母亲因心疼远在异国他乡辛辛苦苦工作的儿子,舍不得把钱都当作生活费花掉。因此,即便赚不到大钱,为了补贴家用,她又到市场里卖起豆芽来了。

而在家操持家务的儿媳因有了充裕的时间和钱，便叫朋友来家里打起了牌九。起初也只是消遣而已，后来竟发展成了赌博，以至到了将每月丈夫寄来的生活费输个精光的地步。

过了几个月才得以知情的婆婆，虽三番五次地对媳妇进行训斥、劝说，但对已染上赌瘾、鬼迷心窍的儿媳而言却无济于事。对原本是个善良文静、守规矩的儿媳在短短数月间发生的如此大的变化，婆婆无论如何也难以理解。

婆婆不许在家里打牌九，儿媳就开始跑到外边去赌。而且若是哪天婆婆说重了些，儿媳便干脆连家也不回。婆媳间的关系闹得越来越僵。婆婆不得不做出了重大决定。这样下去，由于自己与儿媳间水火不相容，这个家非闹个四分五裂不可。而欲避免这种局面的婆婆，觉得自己还是离家一段时间比较好。

几天后，儿媳得知了婆婆离家出走的事实。多方奔走也未能寻及其下落的儿媳，悔恨、悲伤一齐涌上心头，开始痛哭流涕。她意识到自己犯下了滔天大错。"婆婆是我多年来一直渴望拥有的犹如生母般的母亲，也不知自己生活到底缺了什么，竟打起了牌九，把事情搞到这般难以收拾的地步？"媳妇一边叹息一边懊悔不已。但这也只是心里想想罢了，已沾上的赌瘾，无法轻易戒掉。

一年后，提前完成预期工作的丈夫，回到家中。年轻的妻子开始坐立不安起来。别说是存款，就连丈夫寄来的钱也已被她打牌九输得所剩无几，再加上婆婆离家出走后毫无音信，妻子真是不知如何是好。惶惶不安的妻子对问及此间家里与母亲近况的丈夫，急忙支支吾吾地编起了谎言。

"还能有什么特别的事？我和咱妈用你寄来的钱，日子过得好好的。可突然有一天，咱妈竟一声不吱地离开了家。打那以后一直到现在也没个信儿。我去派出所报了案，能去的地方也都打听过了，可就是没什么消息。怕你担心，我就一直没跟你说。真的好抱歉，老公……"

一听这话就奔出家门的儿子，接连几日没有回家，终于将母亲寻到并接回家中。见到婆婆的儿媳，当场下跪求饶。可没料到婆婆对儿子一口咬定，这一切都是她老人家的错，跟儿媳一点关系也没有。而且她还偷偷把钱递给儿媳说道："这些钱虽不多，就说是你从平时的生活费里攒下来的，给你丈夫吧。"

原来离家以后的婆婆，自己租了一个简陋的小屋，靠捡破烂为生，在此间舍不得吃、舍不得穿，一分一分地积攒了一些钱。儿媳赌博将钱输光之事及与自己在此期间的纠纷，若被儿子知道，这个家肯定会支离破碎，因而婆婆为了防止这种事情的发生，尽了她最大的努力。

真诚地感受到婆婆这般深情的儿媳，抱着婆婆泪流满面。从此以后，儿媳再也没有去赌过牌九，如侍奉菩萨般诚心诚意地孝敬起婆婆来。

若婆婆对儿媳的恶劣行径心生厌恶，那又会是个怎样的结局呢？如果我们在生活中因讨厌某人而发出害人之念，那痛苦的终究还是发出此般念头的自己。因此，所有一切不可以恶治之，而应以善待之。

不论有多么可恼、悲伤之事展现在自己面前，也不可随意冒出轻率之言，做出草率之举。请拥有一颗可站在对方的立场上重新思索，且可深入省思自我的慧心。若能以这般心态去面对生活，不论是多么不幸的家庭还是社会，最终皆将和睦与和谐起来。国家间之也不会发生涂炭生灵的战争。

一个小小的念头也可使世上所有的事情发生变化，所有一切，一个人的心便是其开始。那么，又怎能将谁的心认作是微不足道的呢？

二十九 · 孝行可嘉的金大城

在统一新罗时代（公元668年~公元901年），某高官贵族的门下有一对长工夫妇，膝下育有一子且已长大成人。向来老实勤快的这一家人，不管活计多重多累，均好似自家的活计般，一向诚心诚意、勤勤恳恳地做事。

有一年夏日，天降瓢泼大雨，父子二人却仍与往常一样到水田看水。由于雨下得太猛，别人连出门的念头都不敢有，可他们却怕田里的稻苗被雨水冲走，无法只是待于家中。而正当父子俩在暴雨中为了守住稻田手忙脚乱之时，护田的水坝被暴涨的河水冲垮，父亲竟被急流冲走，丢了性命。平日里疼爱长工一家的主人也是心痛不已，为安慰长工的儿子，送了他三斗落地。年轻人有了自家的地，再也不必做长工也可过上丰衣足食的日子，但因感激主人的恩典，他仍旧留在主人家里，一如既往地为主人家做事。而且，奉养孤寡老母之事，年轻人也是毫无懈怠。

后来有一天，一位大师来到主人家化缘。在偶然间听到"若肯布施，便可得福"大师所言的年轻人，想到了死去的父亲。一直想为一辈子含辛茹苦、未享过一日清福的父亲做点什么的年轻人，为父亲能归往极乐世界，他欲将自己仅有的三斗落地全部布施出去。听了儿子的这般想法，母亲因担心儿子的将来而加以劝阻，可年轻人却心意已决，对母亲如此道来。

"娘，这块地是因爹过世才得到的，为爹布施这块地也是应该的。"

母亲虽觉肯为父亲布施田地的儿子孝心可嘉、难能可贵,可心中却是忧心忡忡:"把仅有的田地都布施出去,以后的日子可怎么过呀?"但又觉既然将田地布施于佛前,就应守着一切均会好起来的佛心,将不断翻涌上来的忧虑置之一旁。然而,万万没想到的是,打那以后儿子就一病不起,没过三日竟一命归西了。事至如此,其母心境可想而知?

　　而当年轻人来到自己跟前要布施田地的一瞬间,大师便已看透其内心底里的那片心境。虽作为长工的儿子出于世,出身卑微而才学疏浅,但大师早已看出其心地清净而有气节。没过多久,年轻人按照约定,为了父亲布施了自己的所有财产。被其孝心和那份正直所感动的大师,无论如何也想帮助年轻人充分发挥其所持有的超群能力。而当时是一个身份等级分明的社会,以他卑贱的长工身份是无法做到的。因而,最好的方法莫过于助其解脱身份低微的此生。

　　在思虑片刻后,大师以道人的模样,出现在一直以来因膝下无子而担心无后的当朝宰相的梦中,并道出以下这番话来。

　　"住在毛良里的一个叫金大城的年轻人今日归西,将会来你家投胎。这个孩子日后定会成长为栋梁之才,要好好将其养育成人。"

　　次日,宰相回想昨夜所做的梦,"竟有这般奇异之事!"不过,宰相只当是个寻常的梦,并未放在心上。可一连三日都做了同样的梦,宰相这才觉得此梦非同一般,派人到毛良里打听事实真伪。果然如梦中道人所言，确实有个叫金大城的长工在那个村里，三天前病死了。

没过多久，宰相的夫人就有了胎气，一直以来因没有子嗣而忧心焦虑的宰相夫妇，自然是喜不自胜。不知不觉间又过了数月，极为健康的一男婴出于世。不过，在为刚出生的孩子洗浴的产婆，却发现其左手紧攥着拳头不放，于是向宰相秉报了这一事实。因老来得子，恐怕有什么异常，宰相为察看孩子的手抓起了其手腕，可一直握着拳头的手掌却自行伸开。令人吃惊的是，在展开的孩子掌心中，有金色的"大城"二字在光芒四色。

十几年后，成长为超群出众青年的金大城，因珍惜这段因缘，将其前生的母亲接来与今生的父母同住。后来，金大城成为新罗宰相，实施了众多利国利民的政策，使国家得以繁荣昌盛、百姓可以安居立业。得以亲身体验一切均非固定、可变现运转的道理的金大城，在回向了今生和前世父母的养育之恩的同时，还为使众生得以领悟此番道理而发愿，建造了佛国寺与石窟寺。

从前，释迦牟尼佛祖在途中偶遇一堆骨骸，便对其行了跪拜之礼。见此情景的弟子们对此深感惊讶，不解地问其缘由，佛祖便如此解答。

"我们现今虽投了人胎，但并非一直以人的体态存活于世。是在数亿劫年前，从微生物经成千上万种层次体态的变换进化至人类而出现的。那骨骸即便是蛇的身体、乌龟的身躯，如同它们也都曾有过父母、兄弟姐妹及子女般，我们也是历经数亿劫，每一时期均有现存体态的父母子女及兄弟姐妹。因而，父母、子女、兄弟姐妹也都并非固定不变。"

如若现今大家得以与自己的根本"真我"相见，便会知晓我们在漫长岁月中，不知曾历经多少面貌层次的变化而至今。若真正地了解到这一事实，在数亿劫年中我们都是如此变换身躯而生存的，那就不会只知自己性命的宝贵，而视其他生灵为卑贱吧。

怎可称只有某个时期的父母是我父母，只有某个时期的兄弟是我兄弟，而视其为宝贵？全体均是我父母，是我兄弟。因此，我们应知晓，所有的一切均是珍贵的存在！

三十 · 滚烫的小豆粥

从前，在一千年古刹里有位德高望重的大师。这位大师手下有诸多在修行中精进的弟子，但奇怪的是大师从未向弟子们传授过经文、律藏。而且寺里的所有事务也是交与弟子们各自自由分担，从来不发号施令。不过，大师一向如此提点弟子们。

"所谓修行，就在于衣食住行而非另行存在。在生活中所发生的一切，皆是我们在前世积下被记录于根本，从中只是变换了形态而又重新一个个释放出来的。如此这般，所有的一切皆出自于我的根本心，不论是降临于外界的还是掀起于内心的所有事情，均不要对其产生任何执着，而应将一切放于自己的根本心。只有这样，不论是何等逆境、困境，均可转化为好的境况而出现。"

"不论何时，都应将一切交与根本"的师父所言，可谓简易而浅明。因而，有些弟子以为这一教诲十分简单。在膳房里做事的一个弟子，起初也是这么想的。

"对啊！既然一切皆源于根本，那只要将一切重新放回根本即可！这般容易岂可做不到？"

虽说如此，远非自己所想象，恩师的教诲实际践行起来却不是一般的困难。因修行的和尚众多，每膳准备大量的食物并非轻而易举，并且必须在规定时间内做出来，故而身体总是疲惫不堪。而且当寺庙里有什么活动时，一个身子顶三个用也忙不过来。觉睡不上几个时辰不说，再加上如潮水般涌来的事情，整日令和尚忙得天昏地暗，几乎没有一丝闲暇时间。因身体疲倦，将一切放于根本之事，并不似想象的那般容易。

而事情并非仅仅如此。不管和尚如何用心地去准备膳食，可毕竟因人太多而众口难调，每当众人随口冒出一句诸如"咸了，淡了，太辣，没有滋味"的这些言语之时，和尚心中不免更加难过。

"如此用心良苦，竟无人体谅！"和尚在心中嘀咕着。

起初只觉伤心，但久而久之，因身心交瘁，竟不自觉地常常发起无名之火来。

"不论我身子骨多乏多累还是天降雨雪，每日披星戴月、一如既往地准备供养，没一句中听的话不说，怎可如此欺侮人？我虽不是为了图什么，但也着实太过分。"

日复一日，和尚愈辛苦愈委屈，心中愈是怒火中烧。将一切放回根本竟是如此困难之事，也是先前万万没有料到的。尽管如此，和尚仍旧反复回味恩师教诲，不断地努力践行。

如此之间冬至来临，和尚与往常一样在熬小豆粥。在大锅里熬着粥，可那天心里也不是很舒坦的和尚，不自觉地将灶坑里的火烧得过旺。粥一开锅，粥粒便迸得到处都是，而且还有几粒溅到了正在搅粥的和尚脸上。瞬间烫得和尚扔下搅粥的勺子直喊："烫死我了，烫死我了！"

和尚因毫不留情地四处乱迸的粥粒而不敢靠近灶前，只好站得远远的，看着锅中翻滚的小豆粥。就这样，不知所措地呆呆地看了半晌的和尚，蓦然在脑中闪现了一个念头。

"噢，飞溅的粥粒都是从锅里进出来的！使之至此境地的是我，不断涌上来的是自己的心绪，却一直以来认作是他人之过，为何如此无知！波澜起伏的心境定是我的根本为了教导无知的我而泛起的！"

因真正领悟了恩师的教诲而激动不已的和尚，用勺子拍打着进出来的粥粒。和尚边拍打着边说道："这个是**文殊**[26]，那个也是文殊！这个是**法身**[27]，那个也是法身！"就这样，不知不觉间粥已经熬好了。在热气不再往上冒、酥烂适中的小豆粥里，粥粒也不进出来了。

---

[26] **文殊菩萨**(源于梵语, Mañjusri)：音译为文殊师利、满殊尸利及曼殊室利，文殊或曼殊，意为美妙；师利或室利，意为头、德、吉祥等，是象征最高智慧的菩萨。这个菩萨在释迦牟尼圆寂后出生于印度，宣扬般若之法，与普贤菩萨(Samantabhadra)一同侍奉于释迦牟尼佛祖左右。一般被描述为右手执一智慧刀，左手握着象征智慧的青莲花，骑着一头狮子的形象。

[27] **法身**：为救济众生，佛陀之身可显现为多种形态，与应身、报身（或指化身）合称为三身。指领会真理的感悟之本质在现实中所作用的，大行大师将其解释为从根本处涌上来的心灵发现。

故事里的和尚在看到进出的粥粒时边说着："这个是文殊！那个是法身！"边与根本不为二地用勺子拍打般，不论什么事情使大家的心绪千差万别地涌上心头，要明白连这般心绪本身也源于我的根本，不应受其摆布而应将其放回出处。其实，不仅是我们心中涌上来的万般心绪，就连在我们面前发生着的所有事情，也都是被录入于根本后，只是变换了形态而重新显现出来的。因此，我们应将一切放回根本不是？是我使其展开，而我又能将其改变，岂有袖手旁观之理？请不断地放于根本处！若能不断地放下而行，就会似煮好的小豆粥般，我们的心境也会变得成熟。如果你的心也会如同酥烂适中、煮得恰恰好的小豆粥般自行成熟的话，那便会得以品尝此般成熟的心之妙法及以无心运转的心之道理的真味。

三十一 · 科举考试

这是发生在朝鲜王朝时期的一个故事。有个举人，为了赶考在离家去往汉阳（现今的首尔）的途中。走了半晌，觉得又热又饿的举人，欲歇歇脚便来到了一家客栈。悬腿坐在板凳上的举人，为了叫东西吃，从怀中取出了钱袋子。在此瞬间，不禁想起了在家里受苦受累的夫人。他的妻子原本是个大家闺秀，可在自己读书的这几年里，终日给人家做针线活、灶房事直至手指流血，才一分一文地挣来钱得以养活年幼的孩子及老父老母。再加上还要为夫君准备赶考用的盘缠，夫人所受的苦真可谓是一言难尽啊！况且，此番赶考并非头一遭，因曾数次落榜，举人心里又是感激又是愧疚，不禁垂头叹息。

"去汉阳应试，并非只是为己一人出人头地，不知心头为何如此沉重？"

当时全国上下连年遭受旱灾、水灾，百姓的生活也因此穷困潦倒、日益艰难。不仅如此，对勉强糊口的百姓，地方的贪官污吏却一再增加苛捐杂税，无处不可听到百姓的痛楚呻吟之声。深知百姓所受之苦，却无计可施的举人，某天立下志向。

"一定要考取状元，当上钦差大臣。而后为那些可怜、委屈的百姓请命。"

举人想到饥寒交迫的百姓与在家受苦受累的夫人，便重新抬头挺胸。

"这次拼上这条命也要榜上提名。"

想到此，举人不禁激动得潸然泪下。

此时，只见一位不知来自何方且行色寒酸、衣衫褴褛的老人，一屁股坐到举人身边。

"哎哟，我的腿呦！天儿怎么这么热啊？"

举人连忙用衣襟拭了拭眼角的泪水，为老人让出了点儿地方。

"老弟，你这是赶往何处啊？"老人问道。听举人说要去汉阳赶考，老人又问道："老弟，你若去应试，一定要先看看这个。"

老人从衣袋里掏出来的是一本破破烂烂的书。举人接过书随手翻开一看，发现上面竟无笔墨，只是白纸一张。虽又仔细地翻了翻，也都是一张张的白纸。觉得有些蹊跷的举人抬起头时，那老人已不见了踪影。

举人感到此事非同小可，一动不动地端着书看了半晌。书中未写一字，可举人仿佛是在读一本深奥难懂的经书般，看了又看。也不知过了多久，猛然间似乎想起了什么，举人啪地拍了一下大腿。

"啊哈，原来如此！因什么也没有，方可怀抱也可展开。世上所有，也尽在其中。若可将重心立于此，那便可支撑一切，并将其举起。"

举人将书珍藏于行囊之中，满怀欣喜地上路了。终于到达汉阳城的举人，进入考场后坐了下来。试题是用给出的字作诗，那日给出的题目是个"百"字。举人写下了因前几日读了老者相赠的书，而得以领悟的有关世间运转道理的诗句。举人名正言顺地考上了状元，当上了钦差大臣。日后，他为陷入困境的国家与百姓竭尽心力，干出了一番大事业。

🐿️🌰🌰🌰🐿️

剥豆时，若豆子未完全成熟，豆荚是不是很难剥下？但若熟透了，只用手指轻轻一碰，豆子便会蹦落在地。因举人的学识如同熟透的豆子般，能够得心应手地运用，所以未写一字的白纸也可使其倏地睁大双眼。大家也应如此修行、修心。

在世上，有诸多盛满**善知识**[28]智慧的书籍，也有圣人所留下的如珠玑般的名言。但若我之心修未及一定境界，那些也只不过是文字与语句而已。尽管能阅读其中的文字与语句，却不见得能读懂其中蕴意。别说是未写一字的白纸，即便书中内容历历在目，也不会明了其中内涵。连字义都不晓得，又怎能谈及赶考应试？但若修行至一定深度，不说一语也可听懂其涵，没有一字也可看懂其义。

---

[28] **善知识**：是指传授佛法真谛，引导众人走向光明之路的杰出的导师或贤者。

三十二·驮着羊赶路的修行者

这是发生在古代印度的一个故事。有个男子为了到寺院里供养，把几年来辛辛苦苦积攒下来的钱全部用来买了一只大羊。在当时，祭坛上供奉的供品中属羊最为珍贵，因自己终于可用如此贵重的供品祭神而满心欢喜，男子不顾羊的沉重将其扛在双肩上上路了。然而，由于天气过于炎热，没走多久男子就汗流浃背，步履艰难。尽管如此，别提羊有多珍贵，男子不忍心将羊放在满是尘土的地上。

就这样，气喘吁吁地向前艰难地移动着脚步，突然前面有个和尚挡住了男子的去路，而且不问青红皂白地质问起来。

"何苦在肩上扛着这么重的小猪赶路？不如跟贫僧一同将小猪烤了吃，去拿真正的供品供奉。拿猪崽当供品也不嫌寒碜？"

和尚似乎根本就没有听男子答话的意思，没好气地自顾自地说完就一溜烟儿地走了。

听了这番话的男子，竟一时气得说不出话来。自己肩上扛着的明明是羊，和尚偏偏说成是猪，还要将如此贵重的供品烤了吃，成何体统？虽方才被和尚的胡言乱语惹了一肚子火，但心想或许是烤人的天气才使和尚疯疯癫癫，想到此的男子不禁加快了脚步继续向前赶路。

烈日炎炎，再加上走了这么远的路，男子觉得肩上扛着的羊比先前重了数倍。不过，男子心想没多久就可用这只贵重的羊供奉神灵，便忍住痛苦一步一步地朝前走去。

但或许是因羊太重，或许是因阳光过于炙人，他每向前迈一步便会气不顺，总是想起方才那个和尚丢下的话来，心里不知不觉窝了一肚子火。就这样，男子步履蹒跚地正朝前走着，又有一个和尚拦住了他的去路。而且这位和尚立马说出这番话来。

"哎，为何扛着这么重的狗崽子赶路？烤了吃了，走起路来也不会觉得重，还会轻快许多。从这儿往下走不远有个村寨，咱们到那里一起烤了吃了吧。再说拿狗崽子当供品，像话吗？说是虔诚供奉，可真丢人呦！"

本来就因肩上的羊好似有千钧重，马上就要支撑不住，这回又有人把羊当作狗，男子再也按捺不住心中的怒火向和尚吼了起来。

"没瞧见我肩上扛着的是只羊吗？看着羊说成是狗，说什么疯癫话？再说，你可知这羊有多贵重，竟要将它烤了吃？"

而和尚却以似乎不明其为何动怒的表情，凝视了男子一会儿道："你若不情愿，就算了。"说完转身离去。男子只觉莫名其妙，又是哑口无言。

"这些人是不是脑子出了什么毛病？指着羊又是猪、又是狗的，眼珠子是不是都长到后脑勺上去了。说丢人也不知到底是什么丢人。"

本来天气酷热难耐，加上一连串地听了这么多的风凉话，憋了满肚子气的男子好不容易才压下心中怒火立在原地。这时，也不知从哪儿冒出来的，又有一个和尚挡在怒容满面的男子面前。然后，和尚用手中提着的禅杖拍打着羊说出这番话来。

"唉，何苦如此辛苦地扛着这么重的象崽赶路？若老弟能将箫吹得潇洒自如，现今本可骑在小象上面走路，啧啧！"

那个和尚用极其怜悯的眼神盯着他看了一会儿就走开了。一直在气头上的男子直至听完和尚所言的小象，才觉得先前发生的所有事情均非寻常。男子将肩上的羊放到了地上。是在连累了歇脚时都不肯放下的那头贵重的羊。男子呆呆地看着羊陷入了沉思。这样也不知过了多久，蓦然间也不知醒悟到了什么，男子突然开怀大笑起来。

"哦！原来如此！就是这个！呵呵。本来就没有必要费劲巴拉地扛着来。真是白费力气。呵呵。"

男子将那爱不释手的羊放掉，然后头也不回地朝自己村子的方向走去。

我们每个人都拥有自己的根本心。而这根本心才是经数亿劫使我们得以形成、进化的正身。然而，在如此进化的过程中，累积下来的想法和行动变成了习性与业识，遮掩了我们的根本心，使我们无法正视自己的根本心而已。因此，如同这个故事中所诉，我本来品性的根本心为业识所遮掩，有时显现为羊，有时是猪，也有时是狗。而且，我们在观察对方时，也是因自己的业识，无法看清对方的本质，只能按照自己业识的层次来判断。若大家觉得这般业识极为珍贵而放不下的话，就只能背负重担而行漫漫长路。

但进一步追根究底，便可知业识也源于我的根本处。因而，请将这些归于出处。这样会轻松许多。进而将所谓"我"的想法也全然放回根本。只有如此，我们的根本心方可显现出来。因此，我们才得以享受无拘无束、自由自在的生活。若能将箫吹得潇洒自如，便可骑在大象的背上赶路，就是此番蕴意。

即便从现在开始能够真诚发念、好好用心，即如若可以端正自己的想法、语言与行动，那所有一切也会一个个地重新录入于我的根本，会使先前录入的得以清除。首先，作为第一步，可以试想一下自己可为他人做些什么，并给予其所需。而后，请将所谓"我"的想法放下！若有像"有我"、"是我所为"这些突出自己的想法，那即使帮了再大的忙，也不会成为真正的功德。若欲做到真正的供养，真的想施善行德，请将一切放于自己的根本而行。这样才不会积下业识，而成为真正的功德。

三十三 · 真正的布施

从前，寺庙里一遇到香火不旺，庙里的僧人便会端着饭钵到处化缘。那天也同往常一样，有个和尚欲弄点儿斋饭来到寺庙附近的一户人家，一进屋门只见家徒四壁，来化缘的和尚反而心生愧疚，便欲转身离去。而因和尚的行色亦是十分落魄，见此情形的主人只觉不能让来到自家的和尚空手而归，便再三挽留。

"师父，咱家的日子也是这样，拿不出什么东西给您。前些日子给人家做事弄来了的点米饭，我把它熬成了粥，您若是不嫌弃，就将就着喝一碗吧。"

主人端出来的饭桌上，只有一碗几乎见不到米粒儿的稀粥和一小碟儿酱油，可在和尚眼里却比皇帝用的御膳还要丰盛。和尚在心里对主人感激不尽的同时，只觉主人的家境实在可怜，欲将自己的分点儿什么给主人。但无奈和尚的的境况也不见得比主人强多少，于是想到山上捡些干柴作为报答，便不顾主人的劝阻，硬是向其借了背架上了路。偏巧那天，寺里没收到多少供养，方才喝的那碗稀粥是其一整天饭食的和尚，待背架上堆了满满一担柴，连背起背架都非常吃力。但心想可以向心地善良的主人聊表心意，和尚的脚下也轻快了许多。就这样背着比自己个头还要高的柴担子下山赶往村庄时，和尚恰巧遇见了上山的师父。

"背着那么多的柴禾，你这是去哪里呀？"

听师父问及，和尚便将刚才在村里化缘之事一五一十地道来。然而，一言不发地听着这席话的师父，还没等弟子讲完，便用手中提着的拐杖毫不留情地打在弟子的腿上。而后，师父大发雷霆："你呀，就这样，岂可声称是为了普度众生出家当了和尚？"

恩师的一拐不知有多厉害，和尚连柴担子一齐摔倒在地，疼得直流眼泪，在原地打起滚来。因痛苦难耐，以至和尚根本没听到师父说些什么。接着，师父又朝和尚打了一拐继续训斥起来。

"还不立马给我站起来？有一个念头的无住相布施，岂可将遇火便可烧成灰烬的一担干柴认作布施！"

在此瞬间，和尚顿时领悟了先前只知其表、不知其里的师父教诲。只顾疼痛在地上乱滚着的和尚，拭着眼泪和血迹站了起来。

"啊哈！原来师父一直以来的教诲就在于此！"

尽管腿上的血还在流，但方才的那般疼痛顿时消失得无影无踪。得以领悟一个念头之理的和尚，十分欣喜地径直跑下山，来到刚才化缘的那户人家，真心诚意地向主人合掌致谢。

那家主人一辈子勤勤恳恳、辛勤劳作，却未能摆脱贫困，虽过着穷日子，可因懂得与人分享就是积德的道理，渐渐地受到了众人的尊敬与信赖，家境也日渐好转。不知从何时起，竟成了那个村里数一数二的大富翁。

以心发出的一念助人，是不能与以物质暂助于人相提并论的。尤其是以不留任何痕迹、没有我所为的想法发出的一念，不仅能从根本上给予对方很大的帮助，而且还会成为功德重新回归于己。这将成为无穷尽的无住相布施而循环运转。

现在，请大家察看一下自己的内心。请正直地探视一下，自己是以何等心地来面对人生的。看看自己是否将这些"因我没有学识，因我没有拥有这些，因我这般疼痛"等作为借口为自己而活。但此类想法终究不会利于己。因为所有想法、语言及行动，都会直接被录入于自己的根本处，然后只是重新变换形态而回归于己。若心胸狭隘，那份贫瘠就会展现在我们眼前；若胸怀宽广，那份丰腴也会呈现在我们面前。因而方有"一个念头会令你升迁极乐，一个念头也会使你堕入地狱"之说。

大行大师简介

大行大师在各个方面都是一位极为罕见的禅师。首先，若提到禅师，在人们自然会浮现出比丘僧形象的传统中，大师不仅作为女性成为了一名著名禅师，也是唯一一位将比丘僧收为弟子的比丘尼大师，而且使得由以老年女性为主的信徒阶层组成的韩国佛教，参与进了大批代表年轻一代的青年男女，为开创韩国佛教的崭新风格作出了重大贡献。其次，大师强调任何人都可通过修行得以开悟。与传统修行模式相异，大师对剃度弟子与俗家弟子未加以区分、皆施与同样的教诲，且对传统的比丘尼经学院及比丘尼宗教团体给予了持续性的援助，为发展比丘尼僧团起到了核心的作用。

大行大师于1927年出生于首尔，在九岁左右便找到了自性，历经日本帝国主义强占时期及韩国6.25战争，为完成自身的证得，长久以来一直在深山中修行。直到上世纪五十年代末，仍居住在雉岳山上院寺附近的一个小茅草屋里，听取了成千上万来访民众的痛诉并为其解除了痛苦。不论众生带来什么问题、陷于何等困境，都会使其解决的大行大师的慈悲愿力，在当时的韩国已成为一种传说。大师将慈悲比喻为放生干涸池塘里的鱼儿。因此，为付不起房租而流落街头的人安排了居所，帮助交不起学费的学生完成了学业，然而大师的这些慈悲行却鲜为人知。

但如此解决的也只是一时之急，当大师发现人们再次遇到难题而又重新变得束手无策之时，便意识到教导众生懂得自行解决问题进而从因果与轮回中解脱出来，成为自由人的这一道理更为迫切。

终于决定下山的大师，于1972年在京畿道安养市内建立了一心禅院，而后的四十余年里一直禅居于院内。在大大小小的法会上，大师根据众人的个人根基及处境解答了人们提出的各种疑问，教导人们学习佛法真谛。大师在援助各种各样的社会福利工程的同时，不仅在韩国国内建立了十五个分院，还在海外的六个国家建立了十个海外分院。大师的教诲以德语、西班牙语、俄罗斯语、汉语、日语、法语、意大利语、越南语、印度尼西亚语等多种文字编译出版。大行大师于2012年5月22日圆寂，世寿86岁，法腊63岁。

译者的话

追寻真我的旅程

至今为止，我的人生之路并无过多的曲折和坎坷，而且在工作中也曾取得过一些小小的成绩。而在私下里始终有一股忐忑不安的情绪犹如一团云雾般地笼罩在我的周围，有时内心中甚至会产生负面或消极情绪，如对家人、健康、工作、金钱等问题，有许多牵挂与放不下。

可自从与本书结缘，当我了解到主管我一切的"真我"就存于我心时，所有的不安顿时云消雾散，取而代之的是一份安然与平静，与此同时我的内心充满了感激。这便是我在完成本书译文过程中最大的收获。

在翻译本书的这三四年里，为准确表达原文所述内容，本人曾耗费了诸多时间与精力，可这段时间，却是我人生中使我成长的最宝贵的时光，能有幸翻译本书也是我这一生最大的祝福。

现今的我遇事不再手忙脚乱、仓皇失措，会把一切交付于"真我"后，昂首阔步、勇往直前。我的这种行事作风，与本书相遇前的我是无法相提并论的。我希望通过本书，各位读者可以认识到有珍爱自己、引领自己的"真我"的存在，并祈愿读者也能与我一同迈向与"真我"相会的旅程。

仁婑

仁婑

出生于中国黑龙江省，大学毕业后移居韩国，从事汉语教学工作十余年。为使课堂变得更加妙趣横生，平时注重提高文学素养，广泛涉猎各类书籍。偶得机缘拜读了大行大师所著图书，顿有所悟。从此便开始了心灵修行，并得以与一心国际文化院结缘，着手翻译大行大师所著的相关著作。已完成的译作有《我心是金佛》、《无河可渡》等。

插图作者的话

人生，树与鸟

我喜欢画风景画，

更喜欢在风景中画人，

画中有人，

便会显现出另一番情趣。

也许是因人的喜怒哀乐

可融于画中的人物表现出来。

在人生旅途中，人们总想圆满地解决生活留给我们的每一个问题，

这份心境不论古今中外均大同小异。

追求人生的真谛就像在树中寻鸟一般，看似简单却很艰难。

在翻阅大行大师所著的这些小故事的同时，

会不自觉地将头脑中的想象具体化，

我也情不自禁地仔细观察起原来只能听到鸟叫的那棵树来，

发现原来自己心里竟是美滋滋的。

我心虽远不及完美，愿能通过此书与大家融合在一起。

林承炫

林承炫

在大学主修的是韩国画。毕业后曾参加过三十多次团体画展并举办过六次个人画展，有于2004年京畿道艺术展销会中荣获最高画笔奖等多次获奖经历。他的作品于2004年被最具权威的首尔艺术殿堂选为话题作品并单独展出。参加过韩国诸多书籍与杂志的插图作业，还参与过韩国广播电视公社（KBS）企划的动画片的制作。本书中的插图是受了大行大师所述的禅理小故事的感悟，专为《我心是金佛》所画。

后记

向往葱翠的人生之旅

本著书《我心是金佛》中所载入的三十三个故事，精选于大行大师的法文集《徒步于虚空》，经重新编辑而成。大行大师在此期间所讲解的法文文字化的法文集——《徒步于虚空》，现已出版了十二卷，其中穿插了诸多大师在说法中讲述过的小故事。这些故事时而通过愉快的反转，时而通过令人心痛的因缘，在我们心中留下长久难以忘怀的余韵，确确实实为更加丰富、深刻地理解大行大师的法文起到了作用。

原来的《我心是金佛》是在以连环画形式出版的，供成年人阅读的英文故事集锦《It's Hard to Say》中的二十个故事基础上，添加了十三个故事，以《My Heart is a Golden Buddha》为题的英文书先于2005年面世并介绍给读者的。这本英文书在与德国享有盛誉的出版社Goldmann Arkana-Random House签订出版合同后，于2008年4月已以《Wie fließendes Wasser》为题的德文版面世，于2009年台湾的橡树林文化出版社以《我心是金佛》为题出版了此书的中文繁体版。而在2011年印度尼西亚的大型出版社PT Gramedia以《Sup Cacing Tanah》为题出版了印度尼亚语版，于2013年德国最权威的发声书制作公司steinbach sprechende bücher以《Wie fließendes Wasser》为题推出了发声书。

德语版的故事集锦在出版以来曾在德国莱比锡图书博览会及法兰克福图书展中得以介绍给读者，并在德国图书市场上被选为佛教新版推荐图书等，因在当地收到了许多正面反馈而备受瞩目。如同德国一读者所诉，此书可以改变平时对佛教让人感到晦涩生疏的成见，使我们认识到生活与佛教原本就不可分离。此外，还有为本书中的故事是可智慧地解决现实生活中发生的种种问题，为自己提供灵感的无限能源的宝库而称颂不已的读者传闻。因受到了由佛教传统并不久远的国度传来的喜讯鼓舞，在韩国也已出版了此书的韩文版。

在准备韩文版《我心是金佛》的国内出版过程中，编者们为提炼出浅易生动的语句而倾注了诸多心血，以便有助于读者的理解与感兴以及准确突出故事的核心。在全球日益萧条的经济环境下，虽是一刻都不得放松、紧张忙碌的日常，愿这本书可为大家提供不必气喘吁吁、难得平静地坐下来思考人生的那份悠闲。

相信此书可成为以宽广的胸襟放眼世界、欲拥有更加智慧而葱翠人生的人们沁人心脾的清心剂，与此同时由衷地感谢为出版此书而尽心尽力的所有人士。尤其是为本书撰写序文的哥伦比亚教授芭芭拉•儒赫Babara Ruch，在此表示衷心的感谢。

诚心祈愿这本书能成为使众多读者迈向修行之路的因缘之起点。

HANMAUM国际文化院全体合掌

佛纪2558年 西纪2014年10月

HANMAUM出版社图书海外发行目录

- A Thousand Hands of Compassion (bilingual, Korean/English)
  [received *2010 iF communication design Award*]

- Wake Up And Laugh (English)

- No River To Cross, No Raft To Find (English)

- My Heart Is A Golden Buddha (English)

- Touching The Earth (English) (Forthcoming 2015)

- Moonlight In A Thousand Rivers
  (bilingual, Korean/English) (Forthcoming 2015)

- *Practice in Daily Life* (Series) (bilingual, Korean/English)
  1. To Discover Your True Self, "I" Must Die
  2. Walking Without A Trace
  3. Let Go And Observe
  4. Mind, Treasure House Of Happiness
  5. The Furnace Within Yourself
  6. The Spark That Can Save The Universe
  7. The Infinite Power Of One Mind
  8. In The Heart Of A Moment (New)
  9. One With The Universe (New)
  10. Protecting The Earth (Forthcoming 2015)

- 건널 강이 어디 있으랴 (Korean)

- 내 마음은 금부처 (Korean)

- El Camino Interior (Spanish)

- Vida De La Maestra Seon Daehaeng (Spanish)

- Enseñanzas De La Maestra Daehaeng (Spanish)

- Práctica Del Seon En La Vida Diaria (Series)
  (bilingual, Spanish/English)
  1. Una Semilla Inherente Alimenta El Universo

- Si Te Lo Propones, No Hay Imposibles (Spanish)

- 人生不是苦海 (Traditional Chinese)

- 无河可渡 (Simplified Chinese)

- 我心是金佛 (Simplified Chinese) (New)

HANMAUM出版社图书海外发行目录

- No River To Cross (Wisdom Publications, U.S.A.)
- Wake Up And Laugh (Wisdom Publications, U.S.A.)
- Wie Fließendes Wasser (Goldmann Arkana-Random House, Germany)
  German edition of *My Heart Is A Golden Buddha*
- Vertraue Und Lass Alles Los (Goldmann Arkana-Random House, Germany)
  German edition of *No River To Cross*
- Umarmt Von Mitgefühl (Diederichs-Random House, Germany)
  German edition of *A Thousand Hands Of Compassion*
- Wache Auf Und Lache (Theseus, Germany)
  German edition of *Wake Up And Laugh*
- Ningún Río Que Cruzar (Kailas Editorial, S.L., Spain)
  Spanish edition of *No River To Cross*
- 我心是金佛 (Oak Tree Publishing Co., Taiwan)
  Traditional Chinese edition of *My Heart Is A Golden Buddha*
- Дзэн И Просветление (Amrita-Rus, Russia)
  Russian edition of *No River To Cross*
- Sup Cacing Tanah (PT Gramedia, Indonesia)
  Indonesian edition of *My Heart Is A Golden Buddha*
- Không có sông nào để vượt qua (Phuong Nam Books, Vietnam)
  Vietnam edition of *No River To Cross*, Forthcoming 2014
- *No River To Cross* (*title to be determined*) (Sphinx Publishing, Egypt)
  Arabic edition of *No River To Cross*, Forthcoming 2015

HANMAUM禅院本院

(430-040) 101-62 Seoksu-dong, Manan-gu, Anyang-si, Gyeonggi-do
Republic of Korea
Tel: (82-31) 470-3175 / Fax: (82-31) 470-3209
www.hanmaum.org/eng   onemind@hanmaum.org

HANMAUM禅院海外分院

ARGENTINA
Buenos Aires
Miró 1575, CABA, C1406CVE, Rep. Argentina
Tel: (54-11) 4921-9286 / Fax: (54-11) 4921-9286
www.hanmaum.org.ar

Tucumán
Av. Aconquija 5250, El Corte, Yerba Buena,
Tucumán, T4107CHN, Rep. Argentina
Tel: (54-381) 425-1400
www.hanmaumtuc.org

BRASIL
São Paulo
R. Newton Prado 540, Bom Retiro
Sao Paulo, C.P 01127-000, Brasil
Tel: (55-11) 3337-5291
www.hanmaumbr.org

CANADA
Toronto
20 Mobile Dr., North York, Ontario M4A 1H9, Canada
Tel: (1-416) 750-7943 / Fax: (1-416) 981-7815
www.hanmaumcanada.org

GERMANY
Kaarst
Broicherdorf Str. 102, 41564 Kaarst, Germany
Tel: (49-2131) 969551 / Fax: (49-2131) 969552
www.hanmaum-zen.de

THAILAND
Bangkok
86-1 soi 4 Ekkamai Sukhumvit 63
Bangkok, Thailand
Tel: 070-8258-2391 / (66-2)391-0091
home.hanmaum.org/bangkok

USA
Chicago
7852 N. Lincoln Ave., Skokie, IL 60077, USA
Tel: (1-847) 674-0811
www.buddhapia.com/hmu/chi/

Los Angeles
1905 S. Victoria Ave., L.A., CA 90016, USA
Tel: (1-323) 766-1316
home.hanmaum.org/la

New York
144-39, 32 Ave., Flushing, NY 11354, USA
Tel: (1-718) 460-2019 / 070-7883-5239
Fax: (1-718) 939-3974
www.juingong.org

Washington D.C.
7807 Trammel Rd., Annandale, VA 22003, USA
Tel: (1-703) 560-5166 / Fax: (1-703) 560-5566
http://home.hanmaum.org/wa

对此书有关内容若需咨询或欲购买本书者，

可通过以下联系方式给予联络。

HANMAUM国际文化院/HANMAUM出版社

京畿道 安養市 萬安區 石水洞 101-60

电话: (82-31) 470-3175

传真: (82-31) 470-3209

E-mail: onemind@hanmaum.org